Saiba Usar a Cabeça

"... o livro mais importante que já se escreveu sobre a arte de aprender."

The International Association of Master Trainers

Diana Beaver

Saiba Usar a Cabeça

"... o livro mais importante que já se escreveu sobre a arte de aprender."

The International Association of Master Trainers

Tradução
RODOLPHO EDUARDO KRESTAN

EDITORA CULTRIX
SÃO PAULO

Título do original:
Lazy Learning
Making the Most of the Brains You Were Born With

Publicado pela primeira vez na Grã-Bretanha em 1994 por
Element Books, Ltd., Shaftesbury, Dorset.

Edição	Ano
1-2-3-4-5-6-7-8-9	97-98-99-00

Direitos de tradução para a língua portuguesa
adquiridos com exclusividade pela
EDITORA CULTRIX LTDA.
Rua Dr. Mário Vicente, 374 – 04270-000 – São Paulo, SP – Fone: 272-1399
que se reserva a propriedade literária desta tradução.

Impresso em nossas oficinas gráficas.

Há sete anos, *Diana Beaver* compreendeu que, se as pessoas não estivessem predispostas a aprender, o “ensino” seria uma perda de tempo; por isso, abandonou o ensino e começou a estudar o aprendizado. Sua descoberta da Programação Neurolingüística (PNL) e o estudo posterior que realizou com seus melhores treinadores revolucionaram o trabalho dela. Ela é membro da Associação de PNL, membro do Instituto de Lingüística e membro da International Association of Master Trainers. Ela trabalha com clientes particulares e realiza seminários internos para pessoas das áreas empresarial, educacional e de saúde.

Sumário

DEDICATÓRIA

Dedico este livro, com amor e gratidão, ao meu amigo, mestre e mentor dr. John Grinder.

Dedico-o também aos homens de minha família, Philip, Mark e Hugo, que, apesar de sofrerem com uma negligência quase total, me deram um apoio infinito; com uma gratidão especial ao meu marido, Philip, pelas inúmeras horas que passou no computador criando programas para mim, acelerando as coisas e fazendo tudo o que conseguia imaginar para tornar meu trabalho mais fácil.

Agradecimentos

Gostaria de agradecer a todos os amigos e colegas que me deram permissão para usar seus trabalhos. Espero ter dado o crédito, sempre que esse crédito é devido, por tudo o que aproveitei de outras pessoas e, caso não tenha feito isso, espero que os criadores me perdoem.

Agradeço também aos treinadores, mentores e amigos com os quais tive a felicidade de poder trabalhar: Charlotte Bretto, Judith DeLozier, Robert Dilts, Todd Epstein, Lara Ewing, David Gaster, Stephen Gilligan, John Grinder, Ian McDermott, Joseph O'Connor, Julian Russell, Titos Sompa, e especialmente a Judy, John, Robert, Todd e Stephen, junto aos quais encontrei tanta sabedoria e com os quais tanto me diverti. Foi ao trabalhar com o falecido David Gaster que tive uma das minhas melhores visões do óbvio ululante: *para se chegar além do que jamais sonhamos ser possível, basta deixar que as coisas aconteçam.*

Sou particularmente grata aos meus modelos de excelência que, com tanta generosidade, me deram seu tempo e que, com tanta consciência e bom humor, responderam às minhas intermináveis perguntas: Judith DeLozier, David Edwards, Lucinda Green (MBE), a falecida Catherine Harman, Sir John Harvey-Jones (MBE), Adam Palmer, Colin Reeve e Terence Stamp. Meus agradecimentos também a todos os meus colegas, alunos e clientes, com os quais tanto aprendi.

Le Lieutenant-Colonel (e.r.) Georges Margot, *Ecuyer en Chef* do Cadre Noir de 1946 a 1956, gentilmente permitiu o uso da ilustração da página 189 em memória de sua esposa Janine, que realmente sabia o que era a amizade.

Gostaria de agradecer a Robert Dilts e a Todd Epstein do Dynamic Learning Center pela gentil permissão de usar seus materiais legalmente protegidos: o diagrama de níveis lógicos e o Jungle Gym; à Routledge & Kegan Paul pela permissão de reproduzir os diagramas mostrando como lemos e o cérebro com suas três partes unidas do *The Brain Book* de Peter Russell; a John Harvey-Jones pela permissão de citar *Making it Happen*; a Spike Milligan e à Penguin Books pela permissão de citar *Free Flight*; a David Lewis e à Souvenir Press pela permissão para usar a ilustração de *Mind Skills* na página 84; e à A.P. Watt Ltd. que, em nome de Robert Graves Copyright Trust, deu permissão para a citação de *Flying Crooked* de *Collected Poems*, 1975, de Robert Graves.

Meus agradecimentos especiais vão para Julia McCutchen, editora chefe da Element Books Ltd, pela sua paciência, seu tempo e sua flexibilidade (e esse é um dos maiores elogios que alguém dedicado ao estudo da Programação Neurolingüística pode fazer).

Introdução

Alguma vez você achou que era incapaz de aprender alguma coisa? Você já constatou que seu cérebro estava bloqueado em momentos de tensão? Você encontra dificuldades em resolver problemas? Quando você faz alguma afirmação, as pessoas compreendem o que você quer dizer, ou não? Você já deixou que o intimidassem? Você tem horror a falar em público? Você acredita que irá fracassar a não ser que se esforce muito? Você tenta adiar as coisas quando depara com uma situação difícil? Alguma vez você sentiu que não era bom o suficiente? Você gostaria de desfrutar mais a vida?

Caso a resposta a qualquer uma dessas perguntas tenha sido positiva, este livro irá modificar a maneira como você pensa a seu próprio respeito.

Pelo que me lembro, sempre trabalhei com pessoas — tanto adultos como crianças — que tinham dificuldade em aprender; e nunca compreendi por que não estavam tendo sucesso, uma vez que eram todas tão inteligentes.

Todos temos, de forma inata, uma supercapacidade para aprender. O único problema com a sua mente está no fato de que, quando você nasceu, não veio acompanhado por um manual. Este livro preenche esta lacuna, ajudando você a descobrir como funciona o seu equipamento de aprendizado e como melhorar os canais de aprendizado com os quais nasceu, mas cujo uso correto pode ter sido esquecido.

Há sete anos, participei como aluna de um curso de fim de semana para o treinamento de professores; foi um fracasso. Professores e alunos discutiram acirradamente, e eu fui para casa confusa e espantada com o comportamento de todos, inclusive com o meu. Foi então que reconheci o óbvio ululante: as pessoas podem se esforçar o quanto quiserem para ensinar, mas, se os alunos não estiverem no "estado de aprendizado", todos estarão apenas perdendo tempo. Por esse motivo, desisti de ensinar e dediquei minha atenção ao aprendizado.

Depois, tive a sorte de descobrir a Programação Neurolingüística™, e compreendi imediatamente que isso iria revolucionar meu trabalho. A PNL teve início há 25 anos num piscar de olhos do matemático e especialista em computadores Richard Bandler, que também se interessava por terapia. Quando estudou na Universidade da Califórnia em Santa Cruz, ele juntou suas forças com as de John Grinder, professor de Lingüística na UC, e juntos colocaram a PNL no mapa.

A Programação Neurolingüística foi descrita como sendo o estudo da estrutura da experiência subjetiva: como a maneira de processarmos nossos pensamentos afeta nossa experiência interior; como nossa experiência interior afeta nosso comportamento; e como nosso comportamento afeta todos os demais. A PNL é uma forma de pensar sobre o pensamento. Ela estuda a maneira pela qual sabemos as coisas. Como é que você sabe que prefere passar o tempo na companhia de uma pessoa e não de outra? Como é que você sabe que é incapaz de aprender uma coisa? Como é que você sabe que quer ler este livro? Qual é o processo interior que lhe fornece suas informações?

O nome, Programação Neurolingüística, descreve os componentes dessa combinação de arte e técnicas.

Programação: para economizar tempo e esforços na verificação de cada informação que recebemos, usamos programas automáticos; por exemplo, quando vemos a luz vermelha no semáforo, paramos sem pensar; quando alguém nos recebe com um sorriso, sorrimos também. Alguns de nós usam programas ultrapassados: podemos entrar em pânico quando vemos uma aranha, quando precisamos fazer uma prova ou um discurso, ou quando alguém fala de matemática; podemos morrer mil vezes quando cometemos um erro ou quando riem de nós. E uma das questões formuladas pela PNL é: será que esses programas continuam tendo utilidade ou será que deveríamos ter outras opções na nossa forma de reagir?

Neuro: a informação é armazenada no nosso sistema nervoso, que reage de uma ou de outra maneira a cada situação: por exemplo, os cientistas já constataram mais de 1500 diferentes reações neurológicas ao *stress*.

Lingüística: a linguagem que usamos demonstra, num profundo nível subconsciente, o que está ocorrendo no nosso interior; por exemplo, quando peço que você olhe para alguma coisa a partir do meu ponto de vista, estou processando meus pensamentos em imagens e solicitando que você faça o mesmo; se você responder que estamos nos prendendo a detalhes, perceberei que você não está disposto às imagens no momento — você está processando através de suas sensações e sente que não estamos indo rapidamente a lugar nenhum.

A Programação Neurolingüística (PNL) é o estudo da excelência: qual é a diferença que existe entre alguém que realiza algo com facilidade, elegância e excelência e alguém que não consegue fazer isso?

Este livro lhe dará a oportunidade de redescobrir todas essas coisas importantes que você sempre soube num nível muito profundo, mas que podem ter sido consideradas frívolas ou tolas pelos "mais velhos e melhores". Trata-se do estudo do processo natural de aprendizagem, de como e por que aprendemos; trata-se também de um estudo do processo bem mais difícil de "não aprender", de como e por que conseguimos fazer (ou não fazer) isso. Trata-se de um livro sobre você e sobre a maneira como você funciona: como seu cérebro afeta seu corpo e como seu corpo afeta seu cérebro. Não se trata de uma coleção de fatos a respeito de outras pessoas; se você quiser fatos, poderá encontrar muitos deles nos textos citados na Bibliografia.

Eu gostaria de convidá-lo a pôr em suspenso suas crenças referentes ao aprendizado e a aceitar por algum tempo as minhas. E, quando tiver terminado a leitura deste livro, poderá ficar com o que útil lhe for e descartar o restante.

Liberdade

Um pássaro voando,
de asas bem abertas,
É a alma da criatura,
livre de quaisquer laços.
Além do arado,
da espada, do coche,
Um pássaro voa
na presença de Deus.
Porém eu, com motivos
tão evidentes como o dia,
Eternamente piso
a lama da terra.

Spike Milligan

A Capacidade de Aprender

Na minha experiência, é extremamente difícil ensinar qualquer coisa a pessoas adultas. No entanto, é relativamente fácil criar condições nas quais as pessoas ensinem coisas a elas mesmas.

Sir John Harvey-Jones, *Making it Happen*

Todos temos a capacidade inata de aprender. Entre o nascimento e os três anos de idade, descobrimos, entre um milhão de outras coisas, como dominar processos extraordinariamente complexos que envolvem o modo de sentar, de ficar de pé, de andar, de falar, de nos alimentar, de criar relacionamentos com outras pessoas, de convencê-las a fazer o que queremos, de brincar... e ninguém nos ensina essas coisas; nós as aprendemos sozinhos. Por esse motivo, acho difícil acreditar que não tenhamos poderes extraordinários de aprendizagem, e me pergunto o que aconteceria se você deixasse em suspenso por um momento quaisquer crenças que possa ter em contrário, e simplesmente permitisse a si mesmo ler meus pensamentos, jogar os jogos, tentar as experiências e se divertir. Como este livro toma por base a premissa de que somos todos diferentes, vamos começar com o que somos e com o que temos em comum.

QUEM SOMOS

Somos membros da raça humana e, como tais, estamos imbuídos de algumas características curiosas da natureza humana. Dentre elas, a que mais me fascina é a nossa tendência a sentir que não somos bons o suficiente. Eu tenho uma teoria de que a grande maioria de nós se sente deslocada com bastante freqüência: entramos num ambiente cheio de gente e de alguma maneira nos conscientizamos de que A está mais bem vestido do que nós, que B é mais descontraído, que C é mais inteligente e assim por diante. E provavelmente acreditamos que somos a única pessoa deslocada no ambiente por imaginarmos que todas as outras se sentem perfeitamente bem ali.

Somos sobreviventes. Ao contrário do pintinho que sai da casca do ovo e que é capaz de correr e de se alimentar sozinho a partir do primeiro dia, dependemos dos cuidados de outras pessoas durante um período de tempo comparativamente longo. Desde muito cedo, aprendemos a comunicar nossos desejos aos que cuidam do nosso bem-estar. Aprendemos também que, para garantir nosso bem-estar físico e mental, é uma boa idéia agradar a todas essas pessoas.

Todos temos uma capacidade inata e natural de aprender, e precisamos disso porque temos a necessidade de saber coisas a respeito do nosso ambiente para podermos sobreviver. Nosso mundo contém tantas informações que não podemos reter todas elas em nossa mente. Com a finalidade de simplificar as coisas, aprendemos a criar nossas próprias representações interiores da realidade por meio dos nossos cinco sentidos. Codificamos e armazenamos informações por meio de imagens interiores, sons, sensações, sabores e aromas. Independentemente de como escolhemos fazer isso, também precisamos nos conscientizar de que o nosso sistema de codificação não é a realidade; ele é simplesmente nossa representação pessoal da realidade. Basta ler ou ouvir os relatos de diferentes testemunhas oculares do mesmo evento para nos conscientizarmos do que não é realidade.

Para arquivar de modo eficaz todos os nossos conhecimentos em nossa mente, aprendemos a classificar e a rotular. Esta capacidade acabou se transformando na moderna paixão por rotular as pessoas e por querer colocá-las em compartimentos separados; para termos acesso ao compartimento "certo", espera-se que nos enquadremos, que sejamos normais, que sejamos como todos os outros, caso contrário, podemos ir parar no compartimento "errado", o que refletiria mal sobre as pessoas que estão próximas de nós.

Aprendemos por meio de tentativas e erros. O único problema do cérebro está no fato de nascermos sem um manual, de maneira que temos de ir descobrindo como usá-lo enquanto já o estamos usando. Alguns de nós descobrem estratégias excelentes para aprender (provavelmente por mero acaso), ao passo que outros descobrem estratégias menos eficientes, que continuam usando por não terem consciência das outras opções disponíveis. Quem ensinou você a andar? Foi algum profissional que lhe ensinou exatamente que músculos usar, ou foi você que descobriu sozinho como fazer para andar? Quem ensinou você a falar? Você teve de aprender a conjugar os verbos regulares antes de deixarem você falar, ou será que você simplesmente imitou os sons produzidos pelas pessoas que o cercavam até conseguir delas uma reação que o informasse de que o que você disse tinha sentido?

Somos pessoas que aprendem de forma criativa. Na nossa busca por conhecimento, estamos constantemente tentando coisas novas para ver o que irá acontecer. Enquanto um adulto está ocupado cozinhando, estamos ocupados explorando o aspecto menos importante da cozinha, em que podemos descobrir que bater tampas de panelas umas nas outras pode resultar num barulho satisfatório, que uma frigideira é um recipiente perfeito para o detergente, que a comida do cachorro pode ser habilmente espalhada na porta ou que podemos fazer desenhos com o detergente que derramamos no chão — e esse tipo de criatividade é desencorajada porque resulta em bagunça ou em barulho. Uma caixa de papelão pode se transformar num trem, num barco, num carro; um lençol, num esconderijo; uma capa, num disfarce; e nós podemos nos transformar em qualquer coisa que quisermos. E também somos criativos com a linguagem, fazendo experiências com sons até sermos compreendidos e, gradativamente, construindo frases completas e originais para expressar nossas idéias, únicas e originais.

Nossa imaginação é ilimitada, mas à medida que crescemos, nossos pais se convencem de que é importante para nós vivermos no mundo real, de modo que, com o passar do tempo, somos desencorajados a ver coisas que não estão presentes ("Não seja bobo, dragões não existem"), a contar histórias ("Quantas vezes preciso repetir que a Sra. Black não é uma bruxa"), a inventar coisas ("Isto não é verdade... e você sabe o que acontece com crianças que mentem"). Para piorar ainda mais as coisas, a educação moderna se concentra nos assim chamados temas acadêmicos. Espera-se que as crianças inteligentes se interessem por eles, de maneira que a arte, as habilidades manuais e a música podem ser consideradas uma perda de tempo.

Somos únicos, tal como nossas impressões digitais. No mundo inteiro, não existe outra pessoa que seja exatamente como você e isso o transforma em alguém muito especial. Se nós dois pensarmos a respeito de um cachorro, seus pensamentos não serão idênticos aos meus. Não veremos as mesmas imagens com o olho da mente, não ouviremos os mesmos sons com os ouvidos da mente e nem teremos as mesmas sensações. Se eu pedir que você pense num cachorro correndo na sua direção, e se você teve recentemente um encontro desagradável com um gigantesco *rottweiler*, sua experiência interior não será idêntica à minha, quando penso no nosso querido vira-latas que me recebe em casa fazendo festa.

O que ocorre no nosso interior não afeta apenas nosso comportamento, mas também o comportamento que as demais pessoas adotam com relação a nós; e muitas vezes não temos consciência do que está acontecendo em nós. Os adeptos da Programação Neurolingüística (PNL) são "modeladores". Este é o nosso termo técnico para descobrir o que está acontecendo dentro de outras pessoas, qual é a estrutura da experiência subjetiva delas. Como elas fazem as coisas que estão fazendo? Como é que A consegue fazer um cálculo aritmético mental nessa velocidade incrível? Que processos ocorrem no seu interior para que consiga uma resposta a um problema numérico capaz de nos dar calafrios pelo simples fato de existir? Como é que B consegue se comunicar de modo tão eficiente? O que ela faz com seu cérebro e seu corpo para saber que perguntas formular? E como ela consegue se lembrar das respostas? E o que dizer do sistema de crenças de C, que lhe permite enfrentar com a maior naturalidade qualquer idioma estrangeiro? Como é que D faz para lembrar o número de sua conta bancária, do seu cartão de crédito e as datas dos aniversários de todas as pessoas que conhece? É possível que não queiramos nem necessitemos da capacidade de fazer pessoalmente essas coisas, mas nunca se sabe quando a estrutura dessas estratégias pode ser útil para alguma outra coisa que possamos querer fazer.

Outro aspecto da modelagem está no fato de ela nos ajudar a descobrir como as pessoas prejudicam a si mesmas. Como foi que A conseguiu se convencer de que o mundo está disposto a persegui-lo, apesar de todos os demais acreditarem que ele tem todas as vantagens possíveis? O que está acontecendo no seu interior e o que o convence de que todos os demais são seus inimigos reais? Será que ele vê apenas imagens sombrias diante do seu olho mental? Será que seu ouvido mental escuta apenas vozes traiçoeiras? Será que ele tem alguma sensação que lhe causa terror?

Todos nascemos com o mesmo tipo de recursos para a aprendizagem e todos temos diferentes estratégias para a utilização desses recursos. A modelagem nos ajuda a expandir nossos próprios modelos do mundo, fornecendo-nos novas idéias e estratégias para usarmos, e nos dando opções de como iremos reagir em situações específicas. O que aconteceria com nossa capacidade de comunicação se assumíssemos a crença de que todas as pessoas que passam pelo nosso caminho são fascinantes? O que aconteceria com nossa capacidade para a linguagem se nos víssemos cercados por pessoas agradáveis, interessantes e interessadas, mas sem a ajuda de um único intérprete?

Em seguida, apresento uma experiência criada por Judith DeLozier, que é uma treinadora internacional da Programação Neurolingüística (PNL). Você precisa encontrar alguém para fazer essa experiência com você (de preferência, alguém bem diferente de você) e necessitará de meia hora. Depois de ter feito essa experiência e de ter descoberto como ela é fascinante, você certamente irá querer tentá-la com outras pessoas.

> Um dos dois irá dar um passeio de dez minutos. Você pode ir aonde quiser e fazer o que bem entender; esses são os seus dez minutos. Você é o modelo. A outra pessoa irá seguir o modelo e copiar *tudo* o que você fizer: a maneira de você andar, de manter a cabeça ereta; o modo como balança os braços, o ritmo — tudo. A pessoa que segue, ou modelador, se transformará na pessoa que está à frente durante dez minutos. Trata-se de um exercício que envolve olhar e sentir; a conversa não é permitida antes do final desses dez minutos, quando o modelador poderá dizer ao modelo tudo o que sentiu. Em seguida, troquem de papéis e repitam o exercício.

Esta é uma experiência que serve para ampliar sua mente: mudando sua fisiologia — a maneira como você se movimenta e a sua postura —, você descobrirá quão diferente é a maneira como cada um de nós vê o mundo de acordo com os modelos que criamos em nossa mente. Você descobrirá para onde diferentes pessoas voltam sua atenção e que diferenças essas mudanças provocam em você e na sua maneira de pensar e sentir. Experimente essas coisas e pergunte a si mesmo quando essas mudanças poderiam ser úteis no seu caso, ou seja, quando você poderia "tomar de empréstimo" a fisiologia de outra pessoa para tentar pensar de uma forma diferente.

Todos fazemos parte de um sistema. Em casa, com nossa família, fazemos parte do sistema familiar; no trabalho somos parte do sistema de trabalho; nos ambientes dedicados ao ensino também fazemos parte de um sistema. Tudo o que acontece em cada um dos sistemas nos afeta. Por exemplo, quando há certo desacordo na família, somos afetados por estarmos diretamente envolvidos ou por causa do desequilíbrio no sistema provocado pelo desacordo. Da mesma forma, quando chegamos em casa de mal humor, o restante do sistema familiar é afetado por nós: as pessoas podem tentar nos evitar; elas podem tentar melhorar nosso humor; elas podem reagir imitando nosso comportamento, fazendo isso de forma consciente ou inconsciente.

POR QUE APRENDEMOS

Nós aprendemos porque nascemos com uma curiosidade impossível de ser saciada a respeito do mundo em que vivemos. Nós queremos saber das coisas e por isso nós as descobrimos, e, porque queríamos saber, lembramos as descobertas. Quando pequenos, tudo o que conquistamos é reforçado por exclamações de alegria e de admiração dos demais membros da família, que provavelmente nos consideram a criança mais inteligente do mundo: acreditamos em nós mesmos, porque ninguém nos disse nada ao contrário.

Enquanto crescemos, as coisas mudam à medida que as pessoas começam a nos dizer que não somos perfeitos, e elas o fazem pensando no nosso próprio bem. Isso não afeta nossa curiosidade inata, nem nossa necessidade de explorar, e o fato de não querermos necessariamente aprender o que outras pessoas acham que deveríamos saber não significa que somos incapazes de aprender. Por exemplo, pense em alguma coisa que você realmente goste de fazer e depois conscientize-se de quanto você aprendeu sobre esse assunto, provavelmente sem fazer o menor esforço. Quando você está se divertindo, o aprendizado simplesmente acontece, sem que você perceba isso. O pai de Jean era um matemático e costumava bater nela quando ela não compreendia os problemas aritméticos, de modo que tudo o que diz respeito a matemática está sempre além da capacidade dela. Jean é bordadeira por profissão, e usa a álgebra para calcular a quantidade de material necessário, a geometria para desenhar e a aritmética para descobrir qual será o custo final. Felizmente, ninguém lhe disse que tudo isso é matemática; ela acredita que tudo tem que ver com os bordados, de maneira que acha tudo muito simples e natural.

Nossas crenças são formadas de maneiras interessantes: "Gatos impedem a presença de elefantes no jardim." Eu sei que isso é verdade porque temos gatos e nunca enfrentamos quaisquer problemas com elefantes no jardim. Todos cometemos erros, e *um erro não tem grande importância; ele simplesmente faz parte do processo de aprendizagem.*

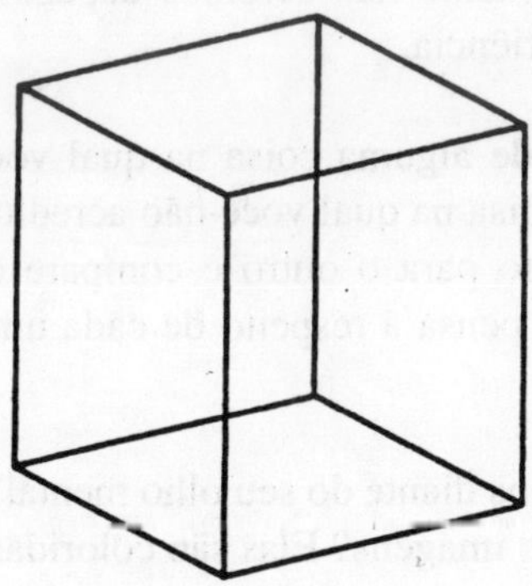

O Cubo de Necker

Observe atentamente este cubo. Ele está no chão ou será que está preso no teto? Se você olhar para ele durante tempo suficiente, com olhos relaxados, perceberá que o cubo parece se mover. Isso se deve ao fato de que seu cérebro precisa encontrar um sentido nas coisas e não dispõe de nenhum ponto exterior de referência nesse caso, de modo que ele irá tentar diferentes idéias até encontrar alguma coisa que lhe faça sentido. A partir do momento em que nascemos, passamos a descobrir estratégias que funcionam, e a testá-las em seguida. A criança que deixa cair alguma coisa de sua cadeirinha pela décima vez e depois berra irritada quando o criado, exasperado, se recusa a pegar o objeto outra vez, está apenas testando sua teoria da gravidade recentemente descoberta. Assim que uma teoria é considerada como tendo sido devidamente testada e provada, ela é arquivada no banco de dados como um fato, porque acreditamos que as coisas sejam assim.

Como você descobriu ao ler sobre minhas crenças referentes a gatos e a elefantes, as coisas armazenadas nos nossos sistemas de crenças não têm necessariamente algo que ver com a realidade; e se, quando crianças, ouvimos vezes sem conta os "mais velhos e melhores" nos dizendo que éramos tolos, é provável que tenhamos acreditado nisso, uma vez que supostamente essas pessoas sabiam mais coisas e conseqüentemente deviam estar com a razão. E se acreditamos que não podemos aprender, realmente não seremos capazes de aprender. Tente fazer a seguinte experiência.

> Pense a respeito de alguma coisa na qual você acredita, e depois pense em outra coisa na qual você não acredita. Em seguida, passe de um pensamento para o outro e compare o que ocorre no seu interior enquanto pensa a respeito de cada uma dessas coisas. Por exemplo:
>
> - Você vê imagens diante do seu olho mental? Onde se encontram essas diferentes imagens? Elas são coloridas ou estão em branco e preto? São imagens estáticas ou em movimento? Qual é a imagem maior? Qual é a que está mais próxima?
> - Você ouve sons com seu ouvido mental? Quais são os sons mais altos? Quais os mais próximos? São vozes? Em caso positivo, vozes de quem?
> - Que sensações você tem a respeito de cada pensamento? Onde você sente essas sensações?

- Que outras coisas você percebe com relação ao seu corpo — temperatura, leveza, tamanho e assim por diante?
- O que está acontecendo na sua mente?

Haverá toda uma gama de diferentes reações porque temos um arquivo interior para o que "acreditamos" e outro para o que "não acreditamos"; isso faz parte do modo sofisticado que você desenvolveu no seu cérebro para poder verificar as coisas rapidamente. As coisas nas quais acreditamos e que valorizamos contribuem para nosso senso de identidade. Se sentimos que alguém está atacando nossas crenças, isso pode ser uma ameaça à nossa identidade. Para nos proteger, podemos nos ater às nossas crenças, custe o que custar, recusando a admitir qualquer possibilidade de dúvida, por menor que seja. Você alguma vez já encontrou um baixíssimo nível de entusiasmo quando tentou lançar uma nova idéia ou uma descoberta? Essa reação nada teve de pessoal; você simplesmente abalou o sistema de crenças de alguém e balançou os alicerces que servem de base para uma frágil identidade.

Muitos de nós fomos criados com a curiosa crença "Se não dói, não dá resultados" [*No pain, no gain*], ou, de outra forma, "é fácil demais; conseqüentemente, não pode funcionar". Eu me pergunto sobre os motivos pelos quais estamos tão determinados a criar para nós mesmos momentos de grande dificuldade.

Quando conheci Rebecca, ela estava sofrendo terríveis dores de cabeça por causa do *stress* que criava para si mesma na escola, porque tinha arquivado a questão da sua inteligência junto com as coisas nas quais não acreditava. Assim que transferiu esse tema para seu arquivo do "acredito", tudo mudou, e ela foi capaz de continuar com a atividade para a qual tinha nascido.

Ela passou o restante do ano escolar se divertindo — até chegar à vésperas da época de exames, quando sua crença na própria inteligência começou a ser abalada. Ela me telefonou para dizer que seus amigos estavam estudando até três ou quatro horas da manhã, ao passo que durante o ano inteiro ela nada fizera que considerasse trabalhoso; o que aconteceria se ela tivesse cometido um engano, entendendo tudo de forma errada? Passamos juntas algum tempo, restaurando sua confiança na própria inteligência. Ela fez provas em nove disciplinas e em todas conseguiu a nota máxima.

Em primeiro lugar, somos nós que programamos o nosso cérebro. Ele é nosso, trabalha para nós e faz exatamente o que exigimos dele.

COMO APRENDEMOS

Diferentes maneiras de representar o nosso mundo — os cinco sentidos

Alguns de nós aprendem mais facilmente através dos olhos: vemos imagens interiores, que podem ser concretas ou abstratas. Todas as pessoas que conhecem bem a ortografia *vêem* a palavra com os olhos da mente apesar de poderem não estar conscientes disso. Quando você faz uma pergunta a uma pessoa e ela olha para cima antes de responder, ela está verificando as informações existentes no seu estoque de imagens interiores. "Não olhe para o teto, a resposta não está lá", reagimos com impaciência, mas o teto provavelmente é o lugar exato onde se encontra a resposta para os que aprendem as coisas de modo visual.

Outros aprendem melhor pelo ouvido. Pessoas que voltam o ouvido com que ouvem melhor na sua direção enquanto você fala, em vez de olharem para você, estão lhe fazendo a gentileza de dar a mais completa atenção de que são capazes. Quando você formula uma pergunta, os que aprendem auditivamente costumam olhar de um lado para o outro, verificando seus sons interiores. "Olhe para mim quando eu estiver falando com você!", insistimos, com o resultado imediato de estarmos privando essas pessoas do melhor sistema à disposição delas.

Outros ainda aprendem mais facilmente através do corpo: são pessoas que precisam tocar as coisas, brincar com elas e executar os gestos que estão tentando aprender, de modo que os seus músculos conservem a lembrança da sensação desse gesto. Pessoas que se movimentam de um lado para o outro enquanto falamos com elas estão assimilando as informações nos seus músculos. "Fique quieto! Deixe de se mexer tanto!", insistimos, diante dessas pessoas de aprendizado cinestésico, paralisando seu corpo e paralisando ao mesmo tempo sua mente. As pessoas cinestésicas verificam as informações através de suas sensações, olhando em direção à mão com a qual escrevem.

O paladar vai perdendo a sua importância no aprendizado à medida que vamos ficando maiores. Os bebês imediatamente levam todas as coisas à boca como parte de sua investigação do mundo, mas essa atitude logo é desencorajada por causa dos "germes". Houve o caso de um comerciante cego, de diamantes, que testava cada pedra colocando-a na boca. E, evidentemente, crianças educadas não andam por aí cheirando as pessoas e as coisas, não é mesmo? Eu me lembro da proprietária de uma banca de legumes no mercado de Berlim dizendo-me que eu não podia ficar cheirando os tomates. E quando eu lhe disse que não os compraria se não pudesse cheirá-los, ela ficou espantada — isso não se enquadrava no modelo que ela tinha do mundo. Talvez seja o fato de não podermos andar por aí cheirando as coisas o motivo pelo qual os aromas continuam sendo um elemento importante para despertar as emoções.

Faça a seguinte experiência.

Você ganhou uma viagem de férias. Qual das seguintes opções você escolheria?

- Um hotel luxuoso, com todo o conforto material imaginável; com excelentes instalações esportivas no interior e ao ar livre; com ginásio poliesportivo, massagem e sauna.
- Um hotel localizado num belo lugar, recentemente redecorado com muito bom gosto, com jardins bem cuidados e com paisagens magníficas; com tevês em cores em todos os quartos e com um bom equipamento de vídeo.
- Um hotel calmo num ambiente tranqüilo, bem longe da agitação da vida cotidiana; um lugar onde você possa acordar pela manhã com o som de passarinhos e do chafariz no pátio.
- Uma "experiência gastronômica" num hotel que se orgulha da qualidade de sua cozinha, em função da comida caseira e dos alimentos colhidos no local de modo a garantir os melhores pratos imagináveis.

Qual seria o melhor hotel do seu ponto de vista e por que você o escolheu?

Este é um exemplo bastante simples mostrando como somos diferentes uns dos outros. Eu fiz questão de descrever exatamente o mesmo hotel de diferentes ângulos para exercer certa atração sobre os diferentes sentidos, e você escolheu o que mais lhe agradou. Uma boa campanha publicitária mostra o que está sendo promovido apelando para o maior número possível de sentidos. E agora que você descobriu qual é o sistema que prefere como representação do mundo, você pode fazer esse teste com os seus amigos.

É claro que nem sempre permanecemos o tempo todo num mesmo sistema, mas quase todos têm um sistema preferencial. Você pode descobrir o sistema que está sendo adotado pelas pessoas a partir das palavras que elas usam.

- Agora, olhe aqui!
- Ouça!
- Como é que você se sente com relação a isso?
- A coisa não me cheira bem.
- É algo que deixa um sabor desagradável na boca.

Estas não são apenas frases feitas; são expressões inconscientes do que está acontecendo no nosso interior. É interessante prestar atenção às palavras e frases que as pessoas usam, e observar o movimento de seus olhos. Mas há outras pistas: as pessoas visuais falam depressa, tentando acompanhar a velocidade das imagens que passam rapidamente pela sua mente; as pessoas auditivas falam num ritmo moderado — as palavras são seu meio principal de expressão; e os cinestésicos são mais lentos e calmos, enquanto verificam tudo com suas sensações.

O aprendizado é simplesmente um processo que envolve a absorção da informação através dos nossos cinco sentidos, arquivando-a em algum lugar. Para provar que aprendemos, precisamos ser capazes de encontrar o arquivo no qual colocamos a informação; e exatamente como em qualquer método de arquivamento, um bom sistema de referências cruzadas é de grande utilidade. As coisas das quais nos lembramos com mais facilidade são justamente as que envolveram o máximo da nossa neurologia — em outras palavras, quando as aprendemos, a totalidade do nosso sistema nervoso estava envolvido: ainda podemos ver as imagens, ouvir os sons, sentir as sensações, saborear os gostos e cheirar os aromas.

Quando Joseph O'Connor, um mestre praticante da Programação Neurolingüística (PNL), está ensinando música, ele costuma perguntar aos seus alunos qual é o sabor e o cheiro das notas de tom maior e menor. Isso pode parecer loucura, mas funciona: seus alunos são capazes de reconhecer rapidamente a diferença entre as notas de tom maior e as de tom menor.

Nosso cérebro

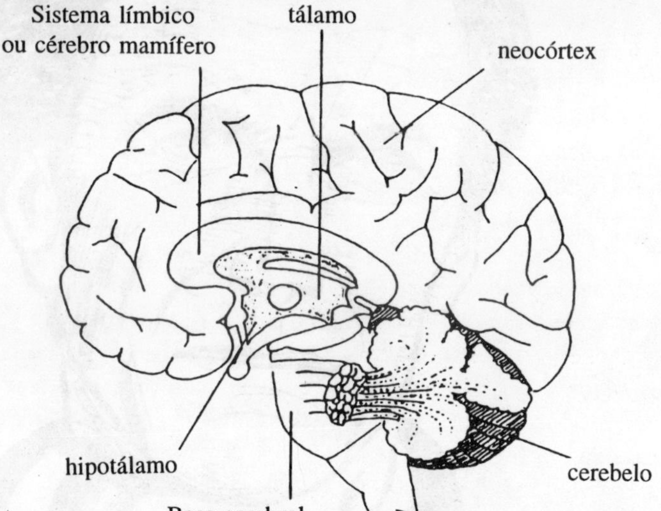

As principais regiões do cérebro

A razão pela qual dizemos que as pessoas têm "cérebros" é porque temos mais do que um, e cada um deles é responsável por coisas diferentes. O cérebro reptiliano ou base cerebral é o mais antigo, sendo responsável pela nossa sobrevivência. É o cérebro reptiliano que, apesar de sermos capazes de dormir com o rádio ou com a televisão ligados,

nos desperta imediatamente ao menor som que possa indicar que algo está errado. O cérebro mamífero ou sistema límbico é o segundo cérebro em termos de idade, e é responsável pelas nossas emoções e divertimentos.

Os hemisférios esquerdo e direito formam os dois lados da parte mais nova do nosso cérebro (o neocórtex), que fez com que os seres humanos se tornassem os assim chamados mestres do mundo (apesar de existirem pessoas dispostas a argumentar que o cérebro dos golfinhos é mais evoluído do que o nosso). Esses dois lados são conectados pelo corpo caloso, através do qual nossos pensamentos podem fluir de um lado para o outro com a liberdade que lhes dermos para isso. Cada lado dessa área mais nova do cérebro desempenha uma tarefa diferente, e nós necessitamos do *input* de ambos para sermos capazes de atingir nosso melhor nível possível de funcionamento.

O hemisfério esquerdo constitui um cérebro preciso, ordenado e metódico, responsável pela linguagem, pelos cálculos e pela organização. O hemisfério direito constitui um cérebro expansivo, que engloba tudo, capaz de absorver a totalidade da situação numa fração de segundo. Para comparar as diferentes funções dos dois hemisférios do cérebro, pense no desenho mostrando o rosto de Robert Redford na página 30, *mas sem olhar para ele novamente*. Se você está dizendo que não se trata de um retrato de Robert Redford, você precisa provar isso sem olhá-lo de novo. Obviamente, o que estou pedindo é ridículo. Mas como foi que você soube? Imagino que, quando mencionei o nome de Robert Redford, uma imagem dele tenha aparecido diante do seu olho mental e você a tenha comparado a outra imagem, também diante do seu olho mental, concluindo imediatamente que não se tratava da mesma pessoa. Esse é um exemplo impressionante de computação, e tudo foi feito numa fração de segundos no hemisfério direito do seu cérebro. Para provar que eu estava pedindo uma bobagem, o hemisfério esquerdo do seu cérebro precisaria ter à disposição duas imagens reais, além de uma régua para fazer medições exatas de cada detalhe, e o processo teria exigido muito mais tempo. Uma terceira opção seria a de você se sentir como um tolo por não se lembrar do retrato de Robert Redford, admitindo automaticamente que eu estava certa e que você estava errado.

Todos esses cérebros estão ligados entre si e com o restante do nosso corpo pelo sistema nervoso. Uma mensagem enviada pelo seu cérebro novo ao dedão do pé esquerdo passa pelo cérebro mamífero (emoções) e pelo seu cérebro reptiliano (sobrevivência) ao longo do caminho; e uma mensagem no sentido inverso, do polegar direito para o cérebro novo, também precisa passar pelos cérebros mais antigos, ou seja, pelas suas emoções e pelo seu instinto de sobrevivência.

Ondas cerebrais

Nosso cérebro funciona em diferentes freqüências, dependendo do que estamos fazendo.

- *Ondas delta* ocorrem durante o sono profundo e sem sonhos.
- *Ondas teta* estão presentes entre o sono e o estado desperto, e é nesses momentos que nos ocorrem idéias brilhantes, apesar de termos a impressão de que estávamos a "milhas de distância". Essas são as ondas cerebrais da inspiração. Alguma vez você já teve um pensamento maravilhoso ao despertar, e depois o esqueceu pelo fato de não tê-lo anotado?
- *Ondas alfa* aparecem quando estamos suficientemente relaxados para permitir que nossos pensamentos fluam livremente e sejam criativos.
- *Ondas beta* são ondas cerebrais agitadas e vibrantes, que nos dominam quando estamos sob pressão ou sendo competitivos.

As agitadas e vibrantes ondas beta se desenvolvem com o passar dos anos. Os bebês, como seria de se esperar, usam principalmente as ondas delta porque passam a maior parte do tempo dormindo. Na faixa etária de um a cinco anos, as ondas teta predominam. Por volta dos cinco anos de idade, as ondas alfa entram em cena e vão aumentando gradativamente, até as usarmos com a mesma freqüência das ondas teta. Na adolescência, as ondas alfa aumentam, as ondas teta diminuem e as ondas beta começam a aparecer; por apresentarem um caráter tão competitivo, as ondas beta podem se esforçar ao máximo para ocupar o lugar das ondas alfa.

O problema das ondas beta é que elas estão presentes à custa das ondas teta (inspiração) e alfa (pensamentos de fluxo livre). David Lewis, que escreveu *The Alpha Plan*, possui trens elétricos que ele conecta com o cérebro de pessoas. Os trens só se locomovem com ondas alfa. Imagine a cena: um grupo de pessoas competitivas prestes a disputar uma corrida de trens; como querem vencer, apresentam ondas beta, e seus trens não saem do lugar. A finalidade desse exercício é fazer com que as pessoas exercitem seu cérebro para que ele volte a funcionar com ondas alfa, de maneira que possam retomar o estado de atenção e de relaxamento da infância, quando aprendiam com facilidade, simplesmente absorvendo conhecimentos feito esponjas. Um aspecto maravilhoso do seu cérebro é que ele trabalha para você e apenas para você, e pode fazer tudo o que você quiser.

Células cerebrais

Cada um de nós tem de 12 a 15 milhões de células cerebrais. Mas há um vírus do pensamento à solta, fazendo com que, à medida que envelhecemos, algumas de nossas células cerebrais morram, o que significa que deixamos de ter a capacidade de aprender; esse vírus também provoca a perda de nossas lembranças. Mesmo perdendo algumas células, vale a pena lembrar que uma abelha dispõe de um total de apenas nove mil, conseguindo mesmo assim levar uma vida extraordinariamente complexa.

O pensamento cria ligações entre nossas células cerebrais; ele cria caminhos para outros pensamentos; e quanto mais usamos nosso cérebro, mais ligações e caminhos criamos; em outras palavras, quanto mais aprendemos, mais fácil se torna o aprendizado.

> Era uma vez, quando a terra ainda estava coberta por florestas, um animal muito pequeno que queria ir de A para B, de modo que avançou por territórios novos e desconhecidos, deixando sinais de sua passagem para os olhos observadores de outras criaturas que o seguiam. Com o passar do tempo, animais maiores começaram a percorrer o caminho, que se tornou cada vez mais fácil de ser encontrado, na medida em que era mais utilizado. Depois, as pessoas descobriram que ele era a melhor maneira de se ir de A para B. E quanto mais o caminho era usado, mais fácil se tornou sua utilização.

Depois, inventaram a roda, e o caminho ficou ainda mais largo. Com o passar do tempo, ele se modificou e se desenvolveu e atualmente podemos ir de A para B numa velocidade enorme. E, por causa de todos os outros caminhos, que noutro tempo não existiam, podemos agora ir para onde quisermos, com a velocidade que escolhermos.

A mente consciente e a inconsciente

Eu encontro dificuldade para fazer distinções entre o cérebro e o corpo; afinal de contas, ambos fazem parte do mesmo sistema que é você. Quando dou uma picada no seu dedo com uma agulha, seu cérebro tomará conhecimento disso; e se eu ligar o seu braço a um detector de mentiras e lhe disser que você terá de virar a página depois de passado um minuto, os movimentos micromusculares do seu braço serão registrados até mesmo quando você estiver apenas pensando em virar a página. Por esse motivo, em vez de me referir ao cérebro e ao corpo como sendo duas entidades diferentes, prefiro usar a palavra "mente" para englobar o sistema todo.

Timothy Gallwey, que desenvolveu o "Jogo Interior", para superar os obstáculos mentais que impedem uma *performance* máxima em atividades esportivas, criou o conceito do Eu 1 e do Eu 2. O Eu 1 é a pessoa que lhe diz para *tentar*, para *se concentrar* e que avisa quando você está prestes a *cometer um erro*; por outro lado, o Eu 2 sabe como as coisas devem ser feitas e, se deixado em liberdade, irá conseguir o resultado almejado. Pense na ocasião em que fez uma jogada brilhante ou em que escapou de uma situação difícil realizando algo extraordinário, algo que não conseguiria fazer de novo caso tentasse: era o Eu 2 em ação.

Em seu livro *Superdriver*, John Whitmore, ex-piloto de carros de corrida e psicólogo na área de esportes, estimulou-me a deixar que minha mente inconsciente se encarregasse do volante. Hesitante, segui seus conselhos. Um carro pintado de vermelho berrante dobrou a esquina, no lado em que eu estava da rua, e reagi perfeitamente, escapando do problema sem sequer me conscientizar de sua existência. A partir desse momento, deixei que meu piloto interior assumisse o comando. Algum tempo mais tarde, encontrei John Whitmore e me queixei a ele, dizendo que fiquei tão relaxada e descontraída certo dia que não percebi que havia me perdido no meu caminho, tendo de voltar dez milhas e chegando atrasada a um compromisso. Ele riu muito e comentou: "Você não tinha especificado para onde queria ir, não é mesmo?" Ele estava certo: eu não tinha feito isso. Agora, todas as vezes que entro no meu carro, visualizo meu destino e depois deixo que a mente inconsciente se encarregue do resto, o que significa que chego ao lugar onde quero chegar, sempre tranqüila e repousada.

Apresento em seguida uma charada que não pode ser resolvida pela lógica, de modo que você pode transferi-la para sua mente inconsciente, dormir um pouco e ver que sonhos ela lhe provocará. Qual é o significado da seguinte seqüência de letras?

H I J K L M N O?

(Resposta na página 48)

Os programadores de neurolingüística acreditam que qualquer comportamento, por mais extraordinário, sempre tem uma intensão positiva; eles acham que esse é o modo adotado pela nossa mente inconsciente para nos conseguir algo importante. A pessoa com excesso de peso pode, inconscientemente, acreditar que os quilos a mais lhe fornecem uma proteção extra; a pessoa incapaz de aprender pode achar que a vida é mais segura sendo o último da classe, pois não há como piorar; indivíduo agressivo pode estar protegendo uma pessoa assustada dentro de si mesmo. Seja qual for a metáfora que você escolha para se referir às duas metades da sua natureza (hemisfério esquerdo e direito do cérebro, ondas cerebrais dos tipos beta e alfa, Eu 1 e 2, ou ainda a mente consciente e a inconsciente), você perceberá que há uma separação entre a parte de nós capaz de absorver conhecimentos como uma esponja e a parte que organiza as coisas e que nos causa problemas, que nos faz sentir mal, fechando assim nossos canais de aprendizagem. Você também pode perceber que em todas as batalhas entre o consciente e o inconsciente, este sempre acabará sendo vitorioso. Quantas vezes você se esforçou de verdade para se comportar de determinada maneira em certa situação e, mesmo assim, acabou agindo de forma diferente? Mais tarde, iremos examinar meios de conseguir planejar melhor nosso comportamento. Por enquanto, eu gostaria de lhe contar uma história.

Era uma vez uma terra muito distante, onde vivia um povo extremamente rico. Esse povo prosperou porque possuía um grande tesouro que lhe dava segurança. Esse grande tesouro era uma enorme e linda moeda de ouro antiga — a única no gênero existente no mundo inteiro, motivo de inveja de todos os países vizinhos. Essas pessoas sabiam que, se algum dia fosse preciso fazer um empréstimo em alguma época de necessidade, o tesouro deles valeria milhões de vezes mais do que qualquer quantia que quisessem conseguir.

O tesouro era guardado no palácio, sobre uma almofada de veludo escarlate. Como cada lado da moeda dourada fosse uma verdadeira obra de arte, e para que o povo pudesse gozar inteiramente de seu tesouro, a cerimônia de Virar a Moeda era realizada todos os dias, e de regiões a muitas milhas de distância afluíam pessoas para presenciar o evento e para terem a oportunidade de ver e de tocar o tesouro que lhes pertencia.

Como sempre acontece, os tempos mudaram; o país se desenvolveu, novas modas surgiram e é possível que o povo tenha ficado entediado com sua própria prosperidade — ignoro a razão. Sei apenas que as pessoas começaram a discutir, pois umas preferiam um lado da moeda, ao passo que outras gostavam mais do outro. Nenhum dos dois grupos conseguia entender o motivo pelo qual seu lado predileto da moeda não deveria ficar à vista permanentemente.

Por causa disso, acabaram chamando o Grande Conselheiro que, em troca de honorários enormes, declarou que a moeda deveria ser cortada ao meio; deste modo, os dois lados poderiam ser exibidos simultaneamente. Foi o que se fez. As duas metades foram expostas numa nova e luxuosa sala de exibição, e a cerimônia de Virar a Moeda, que era tão cara e que consumia tanto tempo todos os dias, deixou de existir.

Quando os tempos ficaram ruins outra vez, o povo procurou um dos reinos vizinhos para conseguir algum empréstimo, como sempre havia feito. Os vizinhos enviaram o Grande Avaliador para inspecionar o tesouro, exatamente como sempre tinha sido feito. E quando o Grande Avaliador descobriu que a moeda fora cortada ao meio, ele explicou ao povo que o tesouro deles valia agora apenas seu peso em ouro, o que não era uma garantia suficiente para cobrir a quantia que eles queriam conseguir com o empréstimo.

Durante muito tempo, o povo discutiu para descobrir qual seria a melhor coisa a ser feita e para saber quem seria responsável por aquela situação. A miséria espalhou-se pelo país, até que, certo dia, apareceu um Mago. A especialidade desse Mago era o ouro: ele sabia tudo o que era possível saber a respeito desse metal, e também como pronunciar fórmulas mágicas, capazes de devolver a moeda ao seu estado original, de tal modo que até mesmo o Grande Avaliador acreditaria que estivera sonhando quando vira suas duas metades separadas.

O Mago entrou sozinho no Salão da Moeda e deu ordens para que ninguém o importunasse. Não sei dizer de que passes de mágica se valeu; também não sei dizer se ele ficou acordado ou se adormeceu; a única coisa que sei é que, quando ele saiu do Salão da Moeda na manhã seguinte, os moradores do local viram o tesouro suspenso no ar — como se estivesse suspenso por um fio invisível — de tal modo que ambos os lados podiam ser admirados ao mesmo tempo, para júbilo e contentamento de todos. E quanto mais admiravam e tocavam o precioso tesouro, tanto mais as pessoas percebiam que o preferiam no seu estado original, e tanto mais satisfeitos e aliviados todos se sentiam. Foi grande a alegria, e foram grandes os festejos que se espalharam pelo país. A partir desse momento, eles tornaram a ser o maior povo que o mundo jamais conheceu e todos viveram felizes para sempre.

O QUE APRENDEMOS

Aprendemos todos os tipos de coisas extraordinárias, que podem não ter nenhuma relação com as coisas que nós "deveríamos" aprender. Houve o caso de um garoto que não sabia ler e cujos pais lhe compraram um computador. Os pais nada entendiam de computadores, de modo que o menino acabou aprendendo a ler sozinho, usando o manual do computador. Ninguém disse a ele que os manuais de computação eram difíceis demais para serem compreendidos por ele, de modo que ele mergulhou na tarefa por querer entender como operar o equipamento. Existem supostos retardados mentais que aprenderam a fazer as coisas mais incomuns (que você ou eu provavelmente jamais conseguiríamos), coisas que, por algum motivo, despertaram sua atenção — como os irmãos capazes de olhar para pilhas enormes de palitos de fósforos e dizer rapidamente e com exatidão quantos palitos havia ali. E os defensores da Programação Neurolingüística (PNL) lhe dirão que neste livro não há nada que você ainda não saiba em algum lugar profundo no seu interior. No entanto, como você era incapaz de provar a maioria dessas coisas em termos lógicos, ninguém dava nenhuma atenção às suas idéias. Por exemplo, você provavelmente sempre soube que alguma coisa profunda em você o impede de se apresentar da melhor forma possível ou de se impor, mas foi apenas em tempos relativamente recentes que as pessoas passaram a dar atenção a teorias com uma tal falta de objetividade.

Aprendemos a respeito de coisas que nos são imediatamente próximas: o que acontece quando sorrimos; o que acontece quando puxamos o rabo do gato; o que acontece quando tocamos em alguma coisa quente. Em *Nurtured by Love*, o professor Shinichi Suzuki, que criou o famoso Talent Education Research Institute em Tóquio, descreve como crianças muito pequenas aprendem a tocar violino: um dos pais toca violino; a criança quer ser como o pai, de modo que pega o violino em miniatura que, por acaso, está ali, e tenta. Ele nos conta como Hitomi, uma menina de três anos, tocava violino várias horas por dia, como se fosse um brinquedo. Crianças de três a cinco anos, treinadas por Suzuki, já se apresentaram em concertos no mundo inteiro.

Aprendemos a fazer coisas que nos proporcionam uma sensação agradável e coisas das quais gostamos. Uma jovem cliente estava encontrando dificuldades terríveis com a leitura. Eu verifiquei em que parte ela classificava a atividade da leitura em seu cérebro, no arquivo "Gosto" ou no "Não Gosto". Depois de descobrir que era no arquivo "Não Gosto" eu lhe perguntei o que aconteceria se ela a arquivasse na rubrica "Gosto". Ela me encarou como se eu fosse a maior idiota do mundo e com mais do que uma ligeira entonação de impaciência, respondeu: "Bem, nesse caso, eu gostaria disso, não é mesmo?" E como ela sabia o que iria acontecer? Ela colocou a atividade no arquivo "Gosto" e suas atitudes se modificaram imediatamente. O cérebro é tão maleável que as coisas realmente não são difíceis. Obviamente, é possível que haja motivos muitos fortes para não se gostar de um tema; nesse caso, é possível que você ainda não queira mudar; analisaremos esses motivos no capítulo "A incapacidade de aprender" e haverá mais detalhes sobre o seu sistema de arquivos em "Alguns truques do ofício".

Aprendemos que a vocalização nos faz sentir melhor. Como bebês recém-nascidos estamos interessados em sobreviver, então precisamos organizar as coisas de modo que nosso conforto material nos seja fornecido. Ficamos deitados e quietos no nosso berço, tomando conhecimento, observando e ouvindo o que acontece ao nosso redor, quando nos conscientizamos de que estamos molhados ou com fome. Nessas ocasiões, deixamos de ouvir, começamos a chorar e alguém aparece para nos ajudar. Acabamos de aprender que fazer um ruído é mais produtivo do que ouvir — o resultado final do barulho que fazemos é uma sensação melhor do que a anterior — e muitos de nós conservam uma crença subconsciente de que falar sempre criará sensações melhores do que ouvir.

Aprendemos a interromper, de modo que possamos falar em vez de escutar. Uma das formas mais eficientes de se fazer isso é dando atenção a detalhes irrelevantes e não à mensagem toda, de maneira que, por exemplo, possamos identificar um provável engano e argumentar contra ele. Novamente, isso nada tem que ver com a personalidade de quem fala; simplesmente temos a necessidade de nos sentir melhor. No final da discussão, se quem fala for suficientemente obstinado para ir até o fim, nada assimilaremos da mensagem, mas poderemos nos lembrar até o fim dos nossos dias que aquele idiota do Bloggs disse que o vento vinha do leste, simplesmente porque nos esforçamos tanto para interrompê-lo com a finalidade de nos sentirmos melhor.

Aprendemos que o comprometimento da totalidade do nosso sistema neurológico com uma discussão nos faz sentir bem. Quando erguemos a voz, quando agitamos os braços e andamos de um lado para o outro, estamos liberando adrenalina. Eu me lembro de ter dirigido umas 100 milhas com meus filhos, enquanto eles ficaram discutindo o tempo todo. Foi apenas bem mais tarde que percebi que, apesar dos insultos que estavam sendo trocados, eles estavam na verdade se divertindo muito. Soltar impropérios e insultos é ótimo; sentir que se ganhou uma discussão é excelente: nossa necessidade inconsciente de nos sentirmos bem é satisfeita — no entanto, é possível que não estejamos considerando o efeito que nossas palavras podem ter sobre as outras pessoas.

Aprendemos a observar outros membros do sistema familiar. Quando somos crianças, essas são as pessoas responsáveis pela nossa sobrevivência e temos uma profunda necessidade de saber o que está acontecendo. Podemos aprender que, quando o pai traz determinada expressão no rosto, é grande a probabilidade de que haja problemas; que, quando a mãe parece tensa ao nos segurar no colo, isto é o prelúdio para uma terrível discussão; que, quando ouvimos determinado tom de voz, estamos em via de ser punidos. E como sabemos antecipadamente o que irá acontecer, nós nos sentimos mal. Isso tudo acaba se transformando num programa precário de causa e efeito: quando o pai tem aquela expressão, eu me sinto mal. Se não tivermos consciência do que ocorre, esse programa pode se perpetuar conosco pelo resto de nossas vidas, não apenas com relação ao pai, mas a qualquer pessoa que apresente essa expressão no rosto.

Aprendemos a perigosa arte de ler a mente das pessoas. A mãe está irritada: vimos suas sobrancelhas erguidas, lemos a mente dela e constatamos que isto é verdade. Mas, na realidade, a mãe está com as sobrancelhas erguidas por causa de uma dor de cabeça, e ela está se sentindo muito frágil, mas nós achamos que nossa capacidade de ler a mente alheia é tão boa que esta outra possibilidade nem sequer é cogitada; mamãe está furiosa, a culpa deve ser minha, eu me sinto mal.

Aprendemos a pôr a culpa em outras pessoas. Acreditamos que se nossos pais descobrirem quem realmente quebrou o prato, eles poderão deixar de nos amar ou, no melhor dos casos, de cuidar de nós; e, no pior dos casos, nos abandonar. É bem mais seguro pôr a culpa em alguma outra pessoa. Não há nada de pessoal nisso, nada temos contra a pessoa que estamos culpando; estamos apenas satisfazendo nossa necessidade inconsciente de nos proteger.

Aprendemos o que é ruim em nós. Ian McDermott, um treinador de Programação Neurolingüística (PNL), foi convidado por um colega para visitar sua sala de aulas. Quando pediram ao colega que entregasse os trabalhos de casa já corrigidos, Ian percebeu que eles estavam repletos de anotações em vermelho. Tentando não demonstrar seu horror por esse excesso de críticas, ele perguntou os motivos de tamanho uso da tinta vermelha e recebeu uma resposta casual: "Ah, nós apenas sublinhamos as coisas que estão corretas." Que conceito pedagógico! Eu me pergunto que diferença poderia ter feito se sempre chamassem nossa atenção para as coisas certas em nós e não para as coisas erradas.

Suponho que leve tempo demais para dizer a todos o que é bom, de modo que optamos por economizar tempo e esforço, concentrando nossa atenção no que consideramos ruim e errado. Por exemplo, se eu fosse fazer uma lista de tudo o que existe de bom em você, isso levaria muito tempo; bem mais rápido seria observar que seus cabelos estão despenteados ou que não gosto da cor das roupas que você está usando. E, talvez, se eu conseguir fazer uma crítica negativa sobre Snooks, algo no que você ainda não pensou, estarei em vantagem, o que fará com que eu me sinta bem.

Robert Dilts e Todd Epstein, da Universidade de PNL na Califórnia, têm seu próprio conceito de crítica: *Surpreenda alguém fazendo uma coisa certa e diga-lhe isso*. Esse método acaba produzindo *performances* excelentes. Os estudantes sabem que o resultado da observação dos seus trabalhos é que eles acabarão ouvindo algo bom a seu próprio respeito, de modo que, em vez de viver com medo de críticas negativas, eles podem usufruir os trabalhos que fazem, cumprindo-os de maneira melhor. Eles também acabam descobrindo uma porção de coisas agradáveis a respeito deles mesmos, coisas das quais não tinham consciência.

Aprendemos a chamar a atenção. Temos a necessidade de ser reconhecidos como membros individuais do sistema. Podemos conseguir isso fazendo todas as coisas certas e agradando às autoridades que existem, ou fazendo todas as coisas erradas, desagradando-as; ambas as formas servem para chamar a atenção, uma vez que as coisas feitas são percebidas. É possível que a única maneira de despertarmos a atenção seja fazer deliberadamente alguma coisa horrível.

Um estratagema muito útil para conseguir chamar a atenção é o "por quê?". Você se envolveu recentemente numa dessas discussões com uma criança? O "por quê?" garante que a outra pessoa continue com a conversa, pelo menos até ficar entediada. É muito mais eficiente que um "não" e exige menos esforço. Um jovem conhecido meu tinha o costume de anunciar "hoje é meu aniversário" a todos que aparecessem em sua casa, desse modo assegurando para si a atenção total e imediata de todos os visitantes.

Aprendemos a imitar o modelo de outras pessoas. Para podermos nos tornar parte do sistema familiar, precisamos ser capazes de nos comportar como os outros membros da família. A maneira mais simples de se conseguir isso é imitando os modelos. Podemos adotar esses modelos na íntegra: garotos com a aparência e com o comportamento idêntico ao do pai, e meninas que são cópias exatas das mães. Lembro que fiquei horrorizada com o tom de voz usado por uma garota para falar com a mãe, até perceber que era exatamente o mesmo tom de voz que seu pai adotava para falar com a mãe dela.

Em *Nurtured by Love*, o professor Suzuki nos conta que crianças criadas por lobos se locomovem mais depressa quando andam de quatro do que outras pessoas que andam apenas com as pernas: nelas, a cabeça é enorme e grotesca; elas usam a boca para pegarem coisas; são capazes de enxergar no escuro; pêlos espessos crescem nos seus peitos e ombros; ofegam em vez de transpirarem.

A adoção de modelos pode resultar em crenças interessantes, tais como: eu não entendo matemática porque minha mãe também não entende; eu sou alcoólatra porque meu pai também foi.

Aprendemos estratégias para fazer coisas. Bons comunicadores aprenderam como reunir outras pessoas nos seus modelos de mundo; bons líderes aprenderam a tirar o que existe de melhor em cada membro de suas equipes; bons médicos aprenderam a tratar cada paciente como sendo a pessoa mais importante do mundo. É possível que nenhuma dessas pessoas esteja consciente do que faz e de como o faz, mas elas empregam estratégias eficientes. Quando crianças, aprendemos que, gritando com pessoas que pegam nossos brinquedos, elas deixarão de pegá-los. Mais tarde, podemos aprender que, quando perdemos a calma, podemos conseguir o que queremos ou que, se ficarmos irritados, outras pessoas não terão a ousadia de discutir conosco. Essas também são maneiras eficientes, mas pode haver modos melhores de se fazer as coisas, modos que sejam mais compatíveis com o que somos atualmente.

Acredito que a maioria das pessoas encontra suas estratégias de forma bastante aleatória. Tentamos fazer algo e conseguimos um resultado. E se conseguimos realizar nosso desejo inconsciente, continuaremos usando a mesma estratégia, até mesmo quando ela não for apropriada. E se ela não funciona, podemos decidir que somos incapazes de realizar o que tentamos, porque não temos consciência de que há outras formas de se fazer as coisas. É possível comparar estratégias e *softwares* de computador. O cérebro com o qual nascemos é como o *hardware* do computador, ou seja, uma máquina. As estratégias que usamos são como os *softwares*: programas que podemos adquirir para que façam coisas especializadas. Por exemplo, meu computador não é um processador de texto, de modo que estou usando um *software* de processamento de texto para colocar meus pensamentos no papel. O *software* é o "como". O êxito em testes de inteligência prova apenas uma única coisa: você sabe como fazer esses testes de inteligência; ou seja, você dispõe do *software* necessário, da estratégia. O fracasso em testes de inteligência significa apenas que você não tem à disposição o *software* necessário e que, conseqüentemente, não sabe como fazer os testes. E um dos aspectos mais úteis do *software* está no fato de podermos optar por uma versão mais moderna no momento que desejarmos fazer isso.

Aprendemos a dificultar as coisas para nós mesmos. Fique quieto, sentado! Concentre-se! Ouça! Preste atenção! Esforce-se mais! Tudo isso aumenta o *stress* e fecha nossos canais de aprendizagem. John Grinder formula uma pergunta interessante: "Por que falamos em prestar atenção [*pay attention**], como se isso nos custasse alguma coisa?"

Eu estava brincando de "forca" com algumas crianças russas que tinham pouco domínio do idioma inglês. Nós acabáramos de ler *Dr. Seuss's ABC* e Igor escolhera "rinoceronte" para ser sua palavra. Vera ficou entediada porque não era sua vez de jogar e porque tudo estava demorando demais, de modo que foi brincar sozinha num canto. Alguns minutos depois, ela voltou correndo, exclamando: "Eu sei! Eu sei! É rinoceronte!" Ela não estava prestando nenhuma atenção, mas, mesmo assim, encontrou a resposta correta.

Aprendemos a não ser excessivamente espertos. Por algum motivo extraordinário, alguns de nós aparentemente não aprovam o sucesso. Sempre que alguém está se saindo bem, logo aparece um "bando de urubus", à espera de que ocorra algum desastre. Talvez por estarmos tão determinados a nos encaixar no sistema, muitos de nós procuram

---

* Em inglês, o verbo *to pay* tem os sentidos de "pagar", "remunerar", "custear", além de "prestar atenção". (N. do T.)

se diminuir, não querendo dar a impressão de que são mais importantes do que os demais.

Perguntei a um cliente que estava tendo problemas no trabalho o que ele perderia se conseguisse um relacionamento melhor com seus superiores, e ele me respondeu: "Meus amigos." Ele era o palhaço do escritório e seus colegas viviam morrendo de rir pelos corredores. A perda dos amigos não é algo que desejamos; afinal, são eles que nos dão a atenção e o reconhecimento que necessitamos. Depois, meu cliente teve de pensar como o sucesso o afetaria. Ele entendeu que, evidentemente, ele poderia ser bem-sucedido e divertido, atingindo assim os seus dois objetivos.

Aprendemos a nos proteger emocionalmente. Podemos nos manter a distância de outras pessoas, garantindo assim que elas não nos magoem. Podemos erguer barreiras invisíveis, impedindo que as pessoas cheguem perto demais. Podemos atacar (fisicamente ou verbalmente) qualquer pessoa que nos faça sentir mal. Podemos diminuir os outros para nos sentirmos engrandecidos. Podemos adotar um comportamento agressivo para impedir a aproximação dos outros. Pouco importando o que façamos e quão inapropriado isso possa ser, a intenção positiva sempre é a de nos proteger de mágoas. E como os erros e enganos fazem parte do processo de aprendizagem, podemos exigir que a nossa mente inconsciente encontre um modo mais apropriado de conseguir esse mesmo objetivo; um modo pelo qual possamos nos sentir mais à vontade e, mesmo assim, a salvo das mágoas.

Eu descobri que os arranjos inconscientes que fiz para minha proteção eram como arame farpado, desagradável e perigoso — ele pode enferrujar e causar sérios problemas às demais pessoas. Atualmente, eu tenho uma espécie de cerca elétrica imaginária. Ela fica mais ou menos a meio metro acima do solo e todos os meus amigos podem vê-la e passar por cima; qualquer pessoa que me deseje mal não a vê, de modo que automaticamente leva um choque considerável. Esse sistema está instalado de forma permanente, de modo que não preciso mais me preocupar com minha própria proteção. Tudo isso pode parecer maluco, mas funciona.

Algumas pessoas concordam imediatamente com a minha teoria de que quase todos nós nos sentimos deslocados durante boa parte do tempo; algumas pessoas dizem que *elas* se sentem deslocadas, mas não acreditam que o mesmo ocorra também com os outros; e há pessoas que me olham firmemente nos olhos e afirmam enfaticamente que *nunca* se sentem deslocadas.

Aprendemos a julgar. Nos nossos círculos, as pessoas "mais velhas e melhores" determinam se as coisas são boas ou ruins, certas ou erradas. Quando pequenos, não dispomos de outros pontos de referência, e, assim, o modo pelo qual fazemos as coisas na família, na escola, na classe, no grupo ou na cultura precisa ser sempre o modo correto. A conclusão, portanto, é que qualquer pessoa ou qualquer coisa que não se enquadre no que sabemos deve estar errada ou é ruim, e essa dedução pode ter sido feita num nível muito profundo e inconsciente. Precisamos apenas ouvir Sir Humphrey Appleby em *Yes, Prime Minister* dizendo calmamente: "Bem, as coisas têm sido feitas assim há 300 anos, de modo que esse deve ser o jeito certo de agir" para compreender o quanto a nossa programação pode ser traiçoeira. Também vale a pena lembrar uma frase de Hamlet: "Nada é bom nem ruim, o pensamento é que faz as coisas serem de um modo ou de outro."

A imitação inconsciente do modelo dos pais continua em todos os aspectos da nossa vida, por exemplo, sofrendo das mesmas doenças, perdendo os cabelos, e até maltratando os filhos de modo físico ou mental: "Meu pai me batia; conseqüentemente, deve ser assim que um pai se comporta."

ONDE E QUANDO APRENDEMOS

Estas são questões individuais. Algumas pessoas aprendem mais facilmente quando estão sentadas, outras quando estão deitadas. Algumas são capazes de ler com maior fluência quando se movimentam de um lado para o outro. Existem os que aprendem melhor pela manhã, outros pela tarde e outros à noite. Alguns aprendem melhor quando estão sentados sobre algum objeto de uma determinada cor. Onde e quando você aprende melhor? Não há respostas certas ou erradas — há apenas respostas.

Aprendemos em ambientes seguros, que nos dêem apoio. Aprendemos quando estamos descontraídos e nos sentindo bem conosco mesmos. A criança pequena em ambientes familiares, explorando um mundo no qual se sente segura, em meio a uma família encorajadora, está aprendendo durante o tempo todo, sem se conscientizar disso. Estamos fazendo exatamente a mesma coisa quando nos dedicamos a um *hobby* ou a um passatempo do qual gostamos. Não há nada que nos faça sentir mal, de modo que todos os nossos canais de aprendizado estão abertos.

Aprendemos quando toda a nossa neurologia está envolvida no processo. Se pudermos ver, ouvir, sentir, saborear e cheirar o que estamos aprendendo, não nos esqueceremos disso. Se isso envolve nossas emoções, nós nos lembraremos; se for divertido ou incomum, lembraremos; se for assustador, lembraremos (esse provavelmente é um dos motivos pelos quais aprendemos tantas coisas que não nos ajudam, um tema que será abordado mais adiante).

Certa vez, encontrei uma amiga francesa muito respeitável virando sua cozinha do avesso às nove da manhã, abrindo gavetas e armários, indagando com voz tensa: "*Où est le scotch*?". Só quando, num gesto de triunfo, ela pegou um rolo de fita adesiva e começou a embrulhar um pacote para presente é que compreendi que ela não tinha repentinamente se tornado uma alcoólatra. Fiquei tão envolvida naquela dramática situação que nunca mais me esqueci do acréscimo que aquilo forneceu ao meu vocabulário.

Aprendemos quando temos permissão para fazê-lo à nossa própria maneira. Um cliente aprendia tudo com o corpo, e os trabalhos de escola eram um desastre porque se esperava que ele desse respostas para problemas que só podia *ver* no quadro-negro — ele não podia senti-los. A uma outra cliente disseram que seu meio de fazer contas estava "errado", apesar de dar as respostas certas; esse estranho raciocínio estava além de suas possibilidades de compreensão, de modo que ela acabou decidindo que as contas também deviam estar além da sua compreensão.

Aprendemos quando nossa mente consciente está distraída. A maior parte do que sei de francês aprendi andando a cavalo ou jogando *bridge,* e em conversas de um modo geral. Minha mente consciente estava voltada para o cavalo, para o baralho ou para meus companheiros de bate-papo, deixando minha mente inconsciente livre para aprender francês sem nenhuma interferência da parte que se preocupa com a possibilidade de cometer enganos e erros.

A grande maioria das pessoas aprende mais quando o ouvido direito está voltado para quem fala. Uma cliente minha costumava ficar sentada com o ouvido esquerdo voltado para o treinador, até que descobriu isso. Ela se instalou no outro lado da sala para ver o que aconteceria e constatou que absorvia as informações com facilidade muito maior. Uma colega me contou que sua sogra idosa sempre vira o ouvido "ruim" para o interlocutor que está lhe dizendo alguma coisa que ela não quer ouvir. Com que ouvido você escuta melhor e quando?

Temos mais facilidade em reproduzir os fatos no local onde os aprendemos. Para garantir que possamos reproduzir conhecimentos em outros lugares, é bastante útil pedir que a mente inconsciente os leve conosco pelo mundo. Por vezes, aprendemos estratégias para fazer coisas numa situação e não as aplicamos em outra. Existem pessoas que mantêm relacionamentos brilhantes no trabalho e que não trazem essas estratégias para casa, onde poderiam ser usadas com seus familiares; sabemos de médicos incapazes de cuidar dos membros de suas próprias famílias, a não ser que os levem a um hospital e vistam um avental branco. O truque com novos aprendizados está em pedir que a mente inconsciente os aplique em qualquer situação na qual possam ser úteis.

Aprendemos quando eu estou OK e quando você está OK. O psicólogo Eric Berne criou o conceito do OK. Se você estiver tentando me ensinar alguma coisa, e acha que eu estou OK mas que você não está, eu provavelmente não lhe darei muita atenção porque não vou considerar a possibilidade de que você tenha algo de importante a me dizer. Se eu achar que você está OK mas eu não, eu posso decidir que qualquer coisa que você tenha a oferecer estará muito além das minhas possibilidades, de modo que não faria muito sentido prestar atenção. Se eu decidir que nenhum de nós está OK, não faz sentido algum ficar ouvindo o que você diz — você nada tem para oferecer e, de qualquer modo, eu não consigo aprender mesmo. No entanto, se eu sei que estou OK e que você está OK, tenho certeza de que ambos temos muito a oferecer um para o outro e que certamente teremos uma discussão interessante.

HIJKLMNO = H até O* = H_20 = água.
Qual foi o seu sonho?

O que você descobriu sobre si mesmo e sobre o seu modo de aprender? Que tal fazer uma lista pessoal, respondendo às perguntas de onde, quando, o que, como, por que e quem?

* Em inglês, *H to O*. A palavra *to* tem o mesmo som de *two* [dois].

Sobre a Incapacidade de Aprender

ONDE E QUANDO NÃO APRENDEMOS

Como todos somos únicos, encontramos muitos exemplos diferentes de circunstâncias nas quais não aprendemos: algumas pessoas não conseguem se concentrar pela manhã, ao passo que, para outras, isto é possível quando é tarde da noite; alguns não conseguem aprender se não se entupirem de xícaras de café; outros não conseguem fazê-lo num ambiente de sala de aula por causa das lembranças associadas à vida escolar. O denominador comum de todas essas situações é o seguinte: onde e quando nos sentimos mal ou pouco à vontade. Por esse motivo, vamos pensar um pouco sobre o que pode contribuir para essa sensação de mal-estar.

Quando temos consciência do que está provocando essa sensação desagradável, é fácil mudar as coisas. Eu sei que sou incapaz de aprender bem depois de um almoço farto e pesado; eu simplesmente me sinto gorda e "estufada", e a única coisa que quero fazer é dormir. Eu também sei que não consigo aprender bem quando sou forçada a ficar sentada durante muito tempo, de modo que, a cada 20 minutos mais ou menos, procuro me levantar e andar um pouco. Eu sei que minha vista se cansa quando fico olhando durante muito tempo para a tela do computador, de modo que, de vez em quando, faço questão de desviar o olhar e de fixar meus olhos num ponto distante qualquer. Todos esses "ondes" e "quandos" são específicos e pessoais; procure descobrir onde e quando você não consegue aprender de forma eficiente.

Lugares e coisas

Uma cliente me contou, desesperada, que era incapaz de aprender francês. Descobrimos que o que despertava os seus maus sentimentos era o cheiro de giz na sala de aula, que a transportava involuntariamente a seu tempo de escola, quando ela fora um verdadeiro desastre. No entanto, ela atualmente tem um emprego que lhe exige muito, que ela adora e em que se sai muito bem, de modo que o problema de não confiar na própria inteligência simplesmente não existe. Comparamos, diante do seu olho mental, as imagens que ela fazia do seu trabalho e da aula de francês, e descobrimos as diferenças: quando ela pensava sobre o trabalho, tudo acontecia ao redor dela, em tamanho natural e em cores, tal como se ela realmente estivesse presente; por outro lado, quando ela pensava sobre suas aulas de francês, ela se via na sala de aula representada por uma imagem em preto e branco muito pequena se comparada aos outros elementos do quadro. Não era de se espantar que ela se sentisse mal. Ela então modificou as imagens, dando-lhes tamanhos e cores naturais e continuou esse processo até ter a sensação de estar realmente presente na classe, aprendendo francês, e as sensações ruins foram substituídas pelas boas, que ela normalmente registrava quando estava no trabalho. Se bem que, inicialmente, ela não soubesse o que lhe estava causando sensações ruins, assim que descobrimos os motivos, tudo pôde ser facilmente remediado. Você encontrará mais detalhes a respeito dessas técnicas no capítulo intitulado "Alguns truques do ofício".

Outras pessoas

É possível que você se julgasse incapaz de aprender um assunto porque se sentia mal quando estava com um determinado professor. A seguir, sugerimos outra experiência que você pode fazer.

> Imagine que você pode ver essa pessoa em preto e branco na tela de um televisor do outro lado da sala. Assim que você se acostumar ao fato de que a pessoa se encontra presa dentro do aparelho, comece a acelerar o filme, até que ela tenha a aparência e o comportamento de Charlie Chaplin, emitindo sons como os de um esquilo

de desenho animado. Depois, acelere o filme ainda mais; faça com que ele passe numa velocidade cada vez maior até saber que, depois de ver essa pessoa se comportando de modo tão ridículo, você só poderá reagir com risos quando pensar a respeito dela.

Nós mesmos

A mente consciente tem um grande poder no sentido de fazer as pessoas se sentirem mal, por causa de sua insistência em fazer tentativas, em se esforçar, em controlar a si mesmo e em se concentrar! Nós chegamos até a nos dar ordem para *tentar* relaxarmos, o que é uma contradição maluca em termos do que podemos querer. As tentativas são muito cansativas.

O hemisfério esquerdo do cérebro controla o lado direito do corpo, e também tem palavras à sua disposição. É interessante pensar a respeito dc como se admite que "direito" seja um sinônimo de bom.

- Isto está direito!
- É um homem direito.
- Faça isto direito!

Por outro lado, *left* [esquerdo] vem de uma antiga palavra inglesa cujo significado era fraco ou debilitado. *Gauche*, a palavra francesa que significa "esquerdo", também pode significar desajeitado ou distorcido, assim como ocorre com a palavra espanhola *izquierdo*. Em vários idiomas, como no inglês e no português, a antiga palavra latina *sinister*, cujo significado era "esquerdo", foi transformada em algo sombrio e maligno. Os franceses a usam para se referir a algo obscuro ou sombrio ou para nos informar que um desastre ocorreu. A esquerda, como minha mãe costumava dizer, definitivamente não é a direita. Depois de nos conscientizarmos da existência desse preconceito e de reconhecermos que vivemos numa cultura de palavras, não admira o fato de o hemisfério direito do cérebro, que controla o lado esquerdo do corpo e que não dispõe de palavras, ser, em grande escala, simplesmente ignorado. Se as pessoas são capazes de criar laços e vínculos com outros por meio de palavras, imagine o que o hemisfério esquerdo do cérebro pode fazer ao hemisfério direito sem que tenhamos a menor consciência do que está acontecendo!

Quando estamos completamente absorvidos em uma tarefa, podemos repentinamente nos conscientizar de que estamos conseguindo um desempenho muito bom e, assim que a mente consciente aparece em cena, ela gosta de tentar assumir a liderança. Uma das formas pelas quais ela faz isso é alertando-nos para os perigos em potencial existentes pela frente; por exemplo: "Bem, o seu desempenho foi bom até agora, mas, por quanto tempo você acha que será capaz de continuar assim? Esta etapa seguinte é particularmente difícil — tenha bastante cuidado para não estragar tudo. Você nunca foi capaz de fazer direito a próxima etapa, você é tão ignorante! *Esforce-se!*" Como resultado, acabamos perdendo nosso estado interior de relaxamento e de descontração.

Betty Edwards, uma professora de arte na Universidade Estadual da Califórnia, cujas pesquisas sobre as funções cerebrais e o desenho provocaram uma grande demanda de seus seminários em importantes organizações empresariais e de pesquisas do mundo inteiro, explica nos livros *Drawing on the Right Side of the Brain* e *Drawing on the Artist Within* sua teoria de que algumas pessoas não conseguem desenhar porque o desenho é uma ocupação do hemisfério direito do cérebro e, enquanto o hemisfério esquerdo do cérebro insiste em se intrometer na atividade, o hemisfério direito é incapaz de fazer o que quer. Ela faz as pessoas desenharem coisas de cabeça para baixo e, eventualmente, o hemisfério esquerdo fica entediado, tendo de imaginar qual deveria ser a *aparência* de alguma coisa quando está na posição errada, e acaba desistindo da tentativa, permitindo que o hemisfério direito desenhe sem intromissões.

Quando eu estava aprendendo a esquiar, estava totalmente sozinha numa encosta muito bonita e que não oferecia perigo — quer dizer, eu estava na companhia de apenas um homem que se encontrava bem mais abaixo. "Você não pode esquiar na direção dele e derrubá-lo", dizia minha mente consciente, de modo que eu me concentrei intensamente para não ir na sua direção. Eu me esforcei, me esforcei e me esforcei, e acabei indo diretamente na direção dele e derrubando-o.

E agora, quero que você faça algo de muito importante para se preparar para o exercício seguinte. É essencial que você compreenda isso da maneira certa, antes de continuar: tente não pensar na cor púrpura. Independentemente de quais forem as circunstâncias, não pense na cor púrpura.

Como você acaba de descobrir, para não pensar em alguma coisa, você precisa pensar nela — caso contrário, você fica sem um ponto de referência a respeito do que não pode ocupar seus pensamentos.

Pressões e *stress*

Quando eu trabalhava como professora num curso de treinamento, aprendi que a maneira correta de formular perguntas era: *faça uma pose, depois uma pausa, e pimba!* É preciso manter os alunos sempre atentos, caso contrário eles adormecem; por isso, o melhor método é adotar uma *pose*, formular a pergunta, depois fazer uma *pausa* e em seguida — *pimba* — escolher alguém para responder. Nós praticávamos isso com muita freqüência, mas eu não conseguia fazê-lo. Foi apenas muito mais tarde que compreendi o motivo pelo qual eu não conseguia: minha mente inconsciente não me deixava agir assim; afinal, eu nunca tinha tratado os infelizes dos meus alunos desse jeito: por que haveria de começar agora? Sean também não conseguia, de maneira que acabei lhe contando minha nova teoria. Ele estava preocupado com a avaliação, de modo que continuou praticando até conseguir fazer direito.

Quando chegou a época das avaliações, Sean estava nos dando uma lição maravilhosa. Eu estava usufruindo cada momento, até que uma vozinha interior me disse: "Ele vai lhe fazer uma pergunta." E, com toda a certeza, Sean formulou a pergunta, fez pose, depois uma pausa e — pimba! — eu fui a escolhida: e minha mente ficou totalmente vazia. Eu imaginei a assessora no fundo da sala anotando: "As explicações foram insuficientemente claras; Diana não foi capaz de responder à pergunta", e fiquei muito envergonhada por ter prejudicado o desempenho do meu amigo Sean. No entanto, se isso podia acontecer comigo, que sabia exatamente o que estava acontecendo, o que ocorre com os inocentes na sala de aula quando estão sob pressão? E o que o professor pensa do pequeno John quando ele é incapaz de responder a uma pergunta muito simples? O que o restante da classe pensa? O pequeno John é rotulado de burro.

Mesmo quando adultos, somos perfeitamente capazes de voltar à infância, quando numa sala de aula, sentindo que aquele "sabe-tudo" quer constantemente apresentar um desempenho melhor do que o nosso, ou que aquela mulher pavorosa que está sempre sorrindo está tentando se tornar a queridinha do professor, ou ainda que todos os outros parecem saber mais do que nós sobre o assunto, e que, conseqüentemente, todos devem achar que somos burros. Depois, numa tentativa para provar que não somos burros, podemos fazer uma declaração completamente idiota, que acaba fazendo a nossa sensação de mal-estar aumentar ainda mais. Fora da classe, quando nos sentimos sob pressão, ou quando alguém tenta nos diminuir, podemos não absorver uma única palavra do que está sendo dito. Isso também pode acontecer quando estamos sendo forçados ou quando alguém quer nos impor suas opiniões.

Operadores modais (deve/precisa)

Eu sou "do contra" por natureza, e se você me disser que devo ou preciso fazer alguma coisa, é provável que eu acabe fazendo exatamente o contrário; o termo técnico para pessoas como eu é *polarity responder* [aquele que reage em contrário]. Apesar de a grande maioria das pessoas ser mais dócil do que eu, não acredito que uma grande dose de imposições contribua para que elas se sintam bem, de forma que elaborei um esquema para meus clientes que acabará me enriquecendo: cada vez que eles usam um desses operadores modais em outras pessoas, eles passam a me dever cinco libras. E cada vez que usam um deles em si mesmos, eles me devem 20 libras. Eu também envolvo seus familiares, prometendo-lhes uma participação de 10%, cada vez que me contam o que acontece.

Um dos meus amigos, que também é um *polarity responder*, estava firmemente decidido a continuar com sua ilusão de que a vida era demasiado triste para palavras, de forma que acabei escrevendo-lhe uma carta, dizendo que ele deveria e poderia pensar sobre as coisas que eu não queria que ele pensasse, e que não deveria nem poderia pensar sobre as coisas que eu queria que ocupassem o seu pensamento. Meu marido, que nada sabia sobre o plano que estava por trás disso tudo, achou que a carta era extremamente pomposa e complacente, ou seja, que faria o efeito exato que eu queria. E ela funcionou perfeitamente bem.

O QUE NÓS NÃO APRENDEMOS

No meu trabalho com assuntos acadêmicos, a matemática parece ser uma séria candidata ao posto principal da lista das coisas que não aprendemos, e podemos concluir que, como a matemática é classificada como ciência, poderemos colocar a física, a química e a biologia na mesma categoria. Quando a leitura, a escrita e a ortografia também são incluídas nessa lista, isso acaba afetando seriamente as crenças que nós mesmos, e os outros, temos quanto às nossas próprias capacidades.

Quando adultos, alguns de nós estabelecem seus filtros com tanta firmeza antes de começarmos alguma coisa, que acabamos aprendendo apenas o que esperamos aprender. Por exemplo, se "sabemos" que as mulheres são péssimas no volante, não perceberemos nem nos interessaremos por boas motoristas; se estivermos procurando apenas técnicas, a única coisa que veremos serão técnicas, deixando de perceber a racionalização existente por trás delas. Nós aprenderemos os truques de determinada atividade e nunca deixaremos de nos maravilhar com o pensamento que os criou. Para os jogadores de xadrez, a rainha é a peça mais poderosa no tabuleiro; eu me pergunto quantos jogadores conseguem estabelecer a ligação entre seu poder e sua flexibilidade, usando esse conhecimento em suas próprias vidas, tornando-se mais flexíveis e, conseqüentemente, mais poderosos.

Não aprendemos coisas que não tenham utilidade para nós. Einstein nunca decorou o número do próprio telefone por não conseguir prever uma ocasião em que teria de ligar para si mesmo. Se não pudermos estabelecer uma relação entre a informação e como ela nos beneficiará, nós não a aprenderemos. Como não consigo imaginar uma época em que poderia me interessar pelo "jogo da pulga", um jogo no qual se faz saltar pequenas fichas para dentro de uma bandeja, não faria o menor sentido aprender as regras.

Não aprendemos o que não é interessante. Apesar do que acabei de afirmar, sou uma verdadeira mina de informações inúteis. Por exemplo, eu sei como descobriram as *pommes soufflées* (eu me interesso por culinária e também pelos acasos do destino) e que William Shakespeare não deixou livro nenhum aos seus herdeiros (o que considero curioso e estranho). Mas de nada adianta me perguntar a respeito do mais recente escândalo na alta sociedade porque qualquer informação que eu possa ter recebido a respeito entrou por um ouvido e saiu pelo outro.

Não aprendemos coisas das quais não gostamos. Alguns de nós se atêm de tal forma à aversão diante dos números, que nada aprendemos com relação a tudo o que está associado aos números no nosso local de trabalho. Outros abominam o aprendizado de idiomas estrangeiros e acabam perdendo boas oportunidades no setor de exportação.

Não aprendemos coisas que nos sejam apresentadas no nosso sistema menos usado. Se alguém ler para mim uma diretriz de funcionamento do serviço público, eu com toda a certeza cairei num estado de transe. Se alguém me explicar como uma máquina funciona, mas sem me mostrar isso na prática e sem deixar que eu mexa nela, isso seria uma completa perda de tempo, ao passo que para pessoas principalmente auditivas essas instruções seriam perfeitamente suficientes.

Tal como os "ondes" e "quandos", os "o ques" também são muito individuais e é justamente por isso que são tão importantes. Reflita um pouco sobre as coisas que você não aprende: em que categoria elas se enquadram? Você seria capaz de descobrir mais categorias para o seu próprio caso?

COMO NÃO APRENDEMOS

Antes de iniciarmos esta parte, eu gostaria que você fizesse um teste de inteligência que qualquer criança de 12 anos consegue fazer em 20 segundos. Quero que você descubra quanto tempo levará para fazê-lo, portanto, pegue seu relógio para marcar o tempo.

1. Gosto menos de Puccini do que de Verdi.
2. Aprecio mais Wagner do que Britten.
3. Não curto Donizetti tanto quanto Puccini.
4. Aprecio menos Wagner do que Donizetti.

Qual é o compositor de que menos gosto?

Passados os 20 segundos, você pode continuar com a leitura.

Peço desculpas por ter contado a única mentira deliberada deste livro: em média, uma criança de 12 anos levaria 20 minutos, e não apenas 20 segundos, para resolver a charada. Eu também peço desculpas por ter submetido você a esse sofrimento. A idéia me ocorreu pela primeira vez quando li *The Alpha Plan*, escrito pelo psicólogo, palestrista e radialista Dr. David Lewis. Quando descobri que ele tinha me enganado de forma deliberada, quase joguei o livro na lareira. Mas depois percebi que acabara de aprender algo muito importante: eu descobrira o que acontece comigo quando estou sob pressão. O que aconteceu com você? Você pode querer anotar quais foram suas reações e depois, quando terminar, levante-se, movimente-se um pouco e faça o que for necessário para se livrar de todas essas sensações desagradáveis. Por exemplo, o que aconteceu com:

- a sua cabeça?
- a sua visão e imagens interiores?
- a sua audição e o seu diálogo interior?
- a sua boca, a sua língua, a sua saliva?
- a sua garganta e a sua capacidade de engolir?
- o seu pescoço e os seus ombros?
- a sua respiração?
- os seus batimentos cardíacos?
- o seu estômago?
- qualquer outra parte do seu corpo?

O que deflagrou toda essa série de reações? Foi a idéia de estar se submetendo a um teste de inteligência? Foi a sensação de estar lutando contra os ponteiros do relógio? O medo de não conseguir a mesma rapidez de uma criança de 12 anos? Algumas pessoas nos meus grupos de trabalho já me disseram que foi porque queriam me agradar. Elas admitem que isso é uma coisa maluca, mas a necessidade de agradar aos outros é algo que aprendemos cedo na vida. David Lewis aumenta ainda mais o sofrimento: ele pressiona as pessoas e quando elas dão a resposta correta, ele quer saber: "Você tem certeza ou está apenas dando um palpite?" Às vezes, faço isso com pais que estejam dificultando a vida dos seus filhos, depois de instruir os filhos a criarem o máximo de distrações possível durante os 20 segundos, de maneira a fazer com que os pais sintam na pele o que significa ficar sob a pressão do *stress*. As mãos de algumas pessoas tremem tanto que elas não conseguem desdobrar a folha do teste; outras têm sua visão tão afetada que nem sequer conseguem terminar a leitura da pergunta durante o tempo previsto. Eu mesma fiquei com um zumbido tão forte nos ouvidos, que meu cérebro se recusou a funcionar porque eu era incapaz de ouvir a mim mesma. E o fascinante em relação a tudo isso é que somos nós mesmos que o criamos. Nós conseguimos deixar de aprender, apesar de aprender ser uma espécie de segunda natureza para todos nós.

A técnica do deslocamento

Esta é uma técnica eficaz. É necessária uma enorme criatividade para desviar nossa própria atenção e a atenção dos demais de algo que não queremos fazer. Vejamos algumas idéias apresentadas por um cliente como reação à menção de frações matemáticas:

- O gato está querendo sair; posso abrir a porta para ele?
- Não consigo encontrar o meu lápis.
- Olhe ali: um helicóptero; posso tirar uma foto?
- Posso pegar um copo d'água?
- Meu lápis está com a ponta grossa; posso apontá-lo?
- O gato está querendo voltar; posso abrir a porta para ele?

Preste atenção a todas as coisas irrelevantes que vêm à tona nas discussões, ou ao modo como as pessoas se esforçam para descobrir pequenas "mancadas" nas idéias que você propõe, pelo fato de o seu projeto mais amplo poder tornar a vida difícil para elas.

O bloqueio de um ou mais canais de aprendizado

Como já vimos, minha estratégia para não aprender está em criar ruídos nos meus ouvidos. Normalmente, eu uso meus ouvidos como um canal aberto de aprendizado, simplesmente permitindo que os sons penetrem para que eu possa transformá-los em imagens e depois em sensações. Os ruídos, que crio nos meus ouvidos quando estou sob muita tensão, avisam imediatamente o restante do sistema para que ele entre, no momento certo, em estado de alerta, porque ele não consegue criar imagens com todo esse barulho.

Quando a vida está maravilhosa para Caroline, tudo tem um cheiro agradável; sob tensão excessiva, o aroma agradável desaparece, avisando seus demais sentidos para que deixem de funcionar. Sylvain tem consciência do seu próprio ritmo interior quando as coisas estão indo bem; sob ameaças, ele deixa de sentir isso, de maneira que o alarme começa a soar. Qual é o estratagema incrivelmente astuto que você emprega para garantir o fechamento dos seus canais de aprendizagem?

Enquanto você reflete à procura de uma resposta para esta pergunta, lembre-se de que sua mente inconsciente tem apenas intenções positivas a seu respeito; ela apenas quer proteger você e irá protegê-lo — não importa de que modo. Como já disse antes, eu sei que os gatos protegem meu jardim dos elefantes, porque sempre tive um gato e nunca houve nenhum elefante no meu jardim. De modo semelhante, sua mente inconsciente tem provas de que o seu sistema de proteção funciona, porque, afinal de contas, você continua vivo. A única pergunta que eu faria sobre sua mente inconsciente é: existe alguma forma melhor de proteger você?

Absorvemos tudo o que nos cerca por meio dos cinco sentidos. Para não sentirmos dores, inclusive as provocadas pelo *stress*, a solução mais simples é a de fechar os cinco sentidos. Uma solução menos drástica é a de reduzir o *input*, o que pode significar apenas figuras em branco e preto e sons alterados. Algumas pessoas vivem exclusivamente na mente delas, não tomando conhecimento de nenhum tipo de sensação, o que acaba sendo muito eficiente para impedir o sofrimento. A desvantagem dessa estratégia é que elas se privam de todo um canal de aprendizado e que também não lhes resta espaço para alegrias.

Considerando tudo isso, qual seria o sistema de proteção mais eficiente, mais confortável e mais produtivo para você? Você pode deixar que sua mente inconsciente descubra isso por conta própria, sabendo que ela quer apenas o que é melhor para você; você pode simplesmente explicar o que quer e deixar que ela se encarregue do restante no seu próprio ritmo e da sua própria maneira.

Sua mente inconsciente fará tudo o que você pedir. Eu nunca faço listas de compras, e, certo dia, meu marido me disse que estávamos sem lenços de papel, justamente quando eu estava ocupada com outra coisa e não queria ser distraída; eu simplesmente pedi que minha mente inconsciente me lembrasse dos lenços de papel quando eu fosse fazer compras e continuei com o que estava fazendo. Mais tarde, enquanto estava andando pelo supermercado, tentando me lembrar do que ele pedira para eu comprar, meu nariz começou a escorrer. Noutra ocasião, acabou o estoque de lâmpadas em casa. A caminho do supermercado escolhi, aparentemente de forma aleatória, uma fita com textos de Robert Dilts e Todd Epstein para tocar no carro. Quando já estava quase chegando ao supermercado, Robert Dilts começou a contar piadas sobre lâmpadas elétricas. Minha mente inconsciente sabe como o meu marido fica irritado quando esqueço coisas (ele acha que eu deveria fazer listas de compras), de forma que acaba organizando minha vida de acordo com isso.

POR QUE NÃO APRENDEMOS

Nós achamos que somos burros. Um detalhe curioso a respeito dessa crença está no fato de ela nos ter sido infligida por outra pessoa. Não teríamos um conceito de burrice se alguém não tivesse nos falado sobre isso e aplicado o adjetivo a nós. "Não seja burro", "Que coisa idiota de se dizer", "Que coisa tola de se fazer!" e assim por diante. "Pedras e pauladas podem quebrar meus ossos, mas palavras nunca me afetarão" — não é verdade. Palavras podem magoar, e a lembrança delas é duradoura, apesar de às vezes fazermos de conta que elas não nos atingem. Até mesmo quando as pessoas não usam a palavra "burro", o comportamento delas é claro: captamos todos os sinais subconscientes quando não conseguimos responder a uma pergunta, enquanto elas sorriem bondosamente e passam a se dedicar a outra pessoa, aparentemente mais inteligente.

Decidimos não aprender. Existem os motivos usuais para se optar por não fazer alguma coisa: por exemplo, "é monótono"; "nada me interessa nisso tudo"; "não disponho de todo este tempo". Todas essas podem ser escolhas conscientes, e elas dependem da pessoa. Além delas, há as escolhas inconscientes, muito mais interessantes.

Uma experiência ruim com o assunto. Pierre tinha 15 anos e continuava na mesma classe com crianças de dez anos por causa de suas notas baixas em matemática. Eu lhe perguntei desde quando odiava a matemática; "desde sempre", foi sua resposta firme e direta. Depois, assistimos a um filme imaginário mostrando o início da sua vida escolar (Pierre é muito visual) e ele ficou surpreso ao constatar que na época a matemática lhe dava prazer. Aceleramos o filme até que ele repentinamente exclamou: "Estou vendo! Estou vendo!" O que ele viu diante do seu olho mental foi sua própria pessoa aos dez anos numa aula de matemática, esforçando-se para resolver os problemas, quando percebeu que alguma coisa se enganchara na ponta de sua caneta, deixando um rastro de tinta sobre o papel. Ele colocou a caneta de lado para melhor observar a sujeira toda. Naquele instante, a professora se aproximou, pegou a caneta e exclamou "Mas o que é que você está fazendo?". Em seguida, ela sacudiu a caneta e a tinta espirrou no rosto dele.

É possível imaginar os esforços da mente inconsciente dele tentando computar tudo isso: "Eu me esforço com os problemas de matemática e me jogam tinta na cara. Isso me dá um choque, me humilha na frente dos colegas de classe e faz com que eu me sinta mal. Se é isso o que acontece quando eu me esforço, será bem melhor deixar imediatamente de me esforçar." Foi o que ele fez. Seu procedimento inconsciente de evidência de que essa era uma boa estratégia consistia em aguardar para ver se alguém voltaria a lhe jogar tinta no rosto. Ninguém o fez, de modo que, por exclusão, ele tinha provas positivas de que seu plano estava funcionando. Depois de termos repetido várias vezes o filme para que Pierre conseguisse uma visão isenta da situação, ele compreendeu que a professora não tinha a intenção de jogar tinta no seu rosto e que ele, na verdade, ficou mortificado. Depois disso, fui incapaz de pará-lo. Usamos *Cuisenaire Rods* (ver p. 147). Pierre era capaz de ver o que estava fazendo e curtiu tanto a beleza e a elegância da matemática, que continuava procurando padrões e testando diferentes maneiras de fazer as coisas muito tempo depois de eu estar totalmente entediada.

Alguém faz com que nos sintamos mal. Provavelmente, todos somos capazes de lembrar ocasiões semelhantes e podemos revê-las com a isenção que nos proporciona o tempo. Experiências ruins das quais nos lembramos e que estão afastadas no tempo podem ser eliminadas de modo razoavelmente fácil. É quando não nos conscientizamos do efeito insidioso do comportamento de outras pessoas sobre nós, que podemos ser incapazes de fazer alguma coisa.

Numa experiência, crianças tiveram de se submeter a um teste de QI no início do ano escolar. Depois, os pesquisadores dividiram arbitrariamente as crianças em duas classes sem levarem os resultados em consideração, mas revelando confidencialmente às professoras que os alunos da Classe A eram os mais inteligentes. Não tenho dúvidas de que as professoras guardaram o segredo, mas como a professora da Classe A acreditava que aqueles alunos eram os mais inteligentes, ela os tratou assim — e, evidentemente, a professora da Classe B não tinha grandes expectativas dos seus alunos e os tratou de acordo com isso. No final do ano, as crianças foram submetidas a outro teste de QI. Os resultados revelaram que os alunos da Classe A tiveram desempenhos acima dos da Classe B. É que as crianças captaram as mensagens subconscientes enviadas pelas professoras quanto às suas expectativas e agiram de acordo com elas.

Tente fazer a seguinte experiência de John Grinder com seus amigos. Ela é para ser feita com duas pessoas e nenhuma delas pode saber das instruções dadas a outra.

1. A e B freqüentaram a escola juntos e voltaram a se encontrar depois de alguns anos. Conversem durante dez minutos. Cada um deve depois anotar as impressões que o outro lhe causou.
2. Instruções para A: você conhecia B há *n* anos, quando ele (ou ela) tinha muito dinheiro e o esbanjava em todas as coisas imagináveis. Certa vez, B atropelou o seu cachorro/gato e achou que o incidente era uma grande piada.

   Instruções para B: há alguns anos, A fugiu com a mulher do seu irmão (ou o marido de sua irmã), deixando uma família destruída, problemas financeiros e assim por diante.

   A e B estão agora sentados lado a lado, esperando o início de uma reunião. Eles conversam durante dez minutos. Cada qual anota as impressões que teve do outro.

Fiz essa experiência com Simon, uma pessoa que eu não conhecia antes. Depois da primeira parte, anotei que ele era um homem inteligente, agradável e divertido. Depois da segunda parte, escrevi que era desagradável, maçante e arrogante. Como é possível que eu chegasse a conclusões tão diferentes a respeito da mesma pessoa? Foi apenas a partir desse momento que eu realmente me conscientizei de como as pressuposições a respeito de outra pessoa podem afetar nosso estado interior, e como nosso estado interior pode afetar nossa comunicação.

Não temos permissão para aprender à nossa maneira. Um psicólogo educacional me contou o caso de um garoto que foi expulso da escola por colar na prova, uma vez que se recusava a anotar todos os seus cálculos matemáticos; ele preferia fazê-los mentalmente, batendo com o dedo indicador à medida que ia resolvendo as questões. Quanto mais complexos se tornavam os cálculos, menos as autoridades conseguiam acreditar que ele estava fazendo tudo de cabeça, e como o garoto se recusava a revelar como estava colando, acabou sendo expulso. Esse é um exemplo extremo de não ter permissão para fazer as coisas à nossa maneira.

Uma história encantadora é contada pelo pedagogo norte-americano John Holt, em seu livro *How Children Learn*. Ele passou semanas tentando em vão ensinar seus alunos a calcular que pesos equilibrariam os pratos de uma balança. Posteriormente, acabou desistindo, colocou a balança num canto e não voltou a mencionar o assunto. Foi então que as crianças começaram a brincar com o equipamento e não demorou muito para que soubessem exatamente como a balança funcionava e que pesos deveriam ser usados para equilibrar os pratos.

Somos desencorajados quanto à formulação de pensamentos originais. Você se lembra de alguma ocasião — eu me lembro, e com muita nitidez — em que perguntou algo que lhe parecia ser muito importante, ou até mesmo profundo, e foi simplesmente ignorado e lhe disseram para não ser tolo? Pessoas com pensamentos originais devem ser o pior veneno na vida dos pais e dos mestres. Formular perguntas que eles não conseguem responder não é a melhor maneira de agradarmos a pessoas não muito seguras de sua própria posição. David Lewis fala a respeito de muitos pensadores inventivos: a criança que construiu um balão de ar quente e estava em via de mandar o gato da família para o espaço; a criança cujo radioamador sintonizou as ondas mais secretas de uma rede de emissoras — causando uma enorme confusão quando a polícia apareceu! Precisamos compreender os motivos pelos quais as pessoas reagiram a nós dessa maneira para podermos superar essa reação e os efeitos que ela teve sobre nós, voltando às nossas indagações inocentes, que deixamos de lado quando deparamos com declarações do tipo "Você não pode fazer isso!". Uma resposta do tipo "O que aconteceria se eu fizesse?" pode fazer a outra pessoa parar e pensar. Quando há um bom motivo, como "Seu carro pode ser guinchado", podemos aceitá-lo; se não há, estabelecemos uma base para negociações.

Aprendemos a reproduzir as idéias das outras pessoas, não as nossas. Quando uma pessoa pela qual eu nutria um enorme respeito afirmou, há uns 12 anos, que eu era incapaz de ter pensamentos originais, aceitei isso sem problemas, porque era nisso que eu acreditava. E continuo me surpreendendo todas as vezes que descubro alguma coisa que seja aparentemente toda nova. Certa vez, estava conversando com um professor especializado em resolver problemas e que acreditava ser infinitamente superior a mim. Deixei que ele me dissesse que, por não ter tido um treinamento específico, eu nada teria a oferecer para as crianças com as quais ele trabalhava. Ele não demonstrou nenhum interesse pela minha descoberta a respeito de como as pessoas enxergam as letras e as palavras de trás para a frente (um assunto que será abordado no capítulo "Alguns truques do ofício").

Desconfio que, muitos de nós, quando têm um problema relacionado com uma teoria, uma filosofia ou uma crença popular, culpamos provavelmente a nós mesmos, achando que deve existir algum detalhe que não foi devidamente compreendido: *a culpa deve ser nossa.* E eu me pergunto sobre o que aconteceria se você se sentisse livre para questionar todas as coisas que você sempre julgou um tanto incorretas.

Somos desencorajados a manter nossa curiosidade e nossa sinceridade natural. Observações e perguntas pessoais que nada têm que ver conosco não são consideradas de bom-tom na nossa sociedade:

- Você está com uma mancha enorme na ponta do nariz.
- Qual é sua idade? (Para qualquer pessoa com mais de 30).

- Por que aquele homem tem uma voz tão esquisita?
- Por que você está usando essas roupas malucas?

A partir das reações dos que nos cercam a respeito do que dizemos, rapidamente concluímos a informação de que sinceridade e curiosidade são coisas que podem desagradar. Conseqüentemente, podemos abandonar totalmente o hábito de observar, e deixamos de fazer perguntas para garantir que as pessoas das quais dependemos continuarão nos amando.

Não dispomos do *software* necessário. Podemos pensar sobre o nosso *hardware* de aprendizado em termos dos milhões de milhões de ligações disponíveis entre nossas células cerebrais, entre um simples pensamento e as ligações mútuas dos pensamentos, como sendo semelhante às redes telefônicas mundiais que estão sendo criadas e melhoradas o tempo todo. É algo que está instalado e sempre à nossa disposição. O *software* fornece a informação que nos permite fazer algo específico, pouco importando se isso é dar um nó no cordão dos sapatos ou pilotar um helicóptero. Por exemplo, como os encanamentos não são minha especialidade, eu não investi em *softwares* apropriados para encanadores. O *software* para o teste de inteligência apresentado por David Lewis é maravilhosamente simples e você teria sido capaz de descobri-lo sozinho se não estivesse sob aquela pressão. Imagine que cada frase responde à pergunta "Qual é o compositor de que menos gosto?"

1. Gosto menos de Puccini do que de Verdi. *Resposta: Puccini.*
2. Aprecio mais Wagner do que Britten. Isso não altera nada, de modo que podemos continuar.
3. Não curto Donizetti tanto quanto Puccini. *Resposta: Donizetti.*
4. Aprecio menos Wagner do que Donizetti. *Resposta: Wagner.* Voltando agora à frase número 2.
2. Aprecio mais Wagner do que Britten. *Resposta: Britten.*

Para demonstrar como o problema é simples, agora que você dispõe do *software*, qual é o compositor de que menos gosto? Você encontrará mais *software* no capítulo "Alguns truques do ofício".

Nossa criatividade foi ridicularizada. Quando éramos pequenos, todos éramos mestres na arte do "faz-de-conta"; sempre que queríamos, podíamos ligar ou desligar nossa fantasia. Depois, com o passar do tempo, o conceito de "realidade" foi imposto cada vez mais à nossa consciência, com as idéias de certo ou errado, de verdade e de mentira, e começamos a perder a capacidade de fazer de conta. Não existe lugar para isso no mundo da realidade.

As culturas primitivas não têm necessidade de mapas; as pessoas são capazes de enxergar o caminho de A para B com seu olho mental; elas conseguiram conservar suas memórias fotográficas. Como temos a possibilidade de anotar coisas, não precisamos conservar nossa memória fotográfica, de modo que permitimos que ela caia em desuso. Conheço adultos que se consideram incapazes de fazer de conta. Eles afirmam que não conseguem enxergar imagens com o olho da mente, nem ouvir sons com os ouvidos da mente, nem "fazer de conta" que têm sentimentos diferentes dos que estão realmente sentindo no momento, porque, quando alguma coisa não é real, ela não tem valor. Independentemente de estarmos imaginando alguma coisa ou de estarmos visualizando nosso caminho de A para B, estamos formando imagens dentro de nossa cabeça, construindo-as ou lembrando-nos delas. De qualquer modo, essas imagens não são reais; somos nós que as criamos. Nós podemos criar o que quisermos em nossa mente. Podemos fazer de conta que gostamos de reuniões, que o chefe está apenas interessado no nosso bem-estar, que os trabalhos burocráticos são fáceis, que compreendemos o jargão — qualquer coisa que quisermos. Tente fazer de conta com respeito a algo e veja o que acontece.

Quando precisamos aprender coisas referentes a uma batalha para uma prova de história, há duas alternativas. Podemos ficar acordados durante a noite inteira, decorando nossas anotações para podermos reproduzi-las com exatidão, ou podemos reler os trechos pertinentes, fazendo de conta que estamos presentes aos acontecimentos, vendo tudo se desenvolvendo na nossa frente; a topografia do terreno, as cores, os movimentos, as formações das tropas, os generais e suas equipes, os acompanhantes, a situação climática; fazendo de conta que ouvimos tudo: os gritos, as armas, os cascos dos cavalos, os clarins, os aplausos; fazendo de conta que sentimos (dependendo do papel que assumimos) a excitação, a confusão causada pelo barulho, os pêlos do cavalo no qual estamos sentados, nossos companheiros nos empurrando; fazendo de conta que sentimos o cheiro da transpiração dos cavalos, o cheiro do couro, da pólvora; fazendo de conta que sentimos sabores: uma boca seca, o amargor da cerveja do dia anterior, e assim por diante. Qual dos processos seria mais simples, mais rápido, mais divertido? E qual resultará no melhor trabalho escrito?

Temos medo do fracasso. Esse deve ser o freio mais forte para nossa capacidade: nossa mente consciente não quer que fiquemos magoados, e magoados certamente ficaríamos se fracassássemos. Contra isso existe um remédio muito simples: não tentando, não existe a possibilidade do fracasso. E eu me pergunto sobre o que aconteceria se sua mente inconsciente percebesse que, no que diz respeito ao aprendizado, o que importa não é o fracasso nem o sucesso, que você apenas gostaria de se divertir adquirindo conhecimentos que possam vir a ser úteis.

Temos medo de mudanças. É possível que pensemos a respeito das pessoas que conhecemos e que são bem-sucedidas, e que tomemos a decisão de não querer ser como elas. Talvez A esteja sempre diminuindo os demais com o domínio que tem sobre as palavras; pode ser que B dê a impressão de nunca estar se divertindo, ou que C não tenha muitos amigos. E nós, com toda a certeza, não queremos ficar como eles: nós deixaríamos de ser o que somos — nós nos perderíamos. Vamos fazer uma breve pausa e aproveitar para nos formular algumas perguntas sérias:

- Como é que o sucesso nos poderia transformar numa pessoa sarcástica como A?
- Se tivéssemos sucesso, não teríamos mais tempo para nos divertir?
- O que realmente teríamos de fazer na prática para perder nossos amigos?

Afinal de contas, A, B e C são eles e você é você.

Podemos nos perguntar como os colegas iriam reagir a essa nossa mudança e como isso afetaria o sistema ao qual pertencemos. Mais adiante, iremos refletir sobre a identidade e os sistemas.

Acreditamos que não merecemos ser bem-sucedidos. "Quem

você pensa que é?" Num esforço para desencorajar as crianças a serem egoístas, os "mais velhos e melhores" se mostram inclinados a deixar implícito que não temos importância e, se não temos importância, não podemos ter sucesso ou ser bons em alguma coisa. Outras pessoas podem ser espertas, mas eu não: não existe nada de especial em mim, eu sou uma pessoa totalmente igual às demais.

> Era uma vez um calabouço sombrio onde vivia um prisioneiro. Não sei por que ele estava preso e acho que nem ele mesmo sabia. Eles o colocaram na cela solitária porque era muito agressivo; talvez ele fosse agressivo por não compreender os motivos pelos quais estava lá, e talvez ele não soubesse se expressar suficientemente bem para perguntar. Alguns dizem que ele merecia estar preso, e talvez isso seja verdade — não sei. Também não sei quanto tempo havia que ele estava na prisão comum ou na solitária. A única coisa que sei é que a vida deve ter sido muito solitária e entediante para ele, mas ele estava acostumado com essa situação porque se esquecera de que as coisas podiam ser diferentes.
>
> Depois, certo dia, uma pessoa que visitava a prisão veio vê-lo — pelo menos, ele disse que estava visitando a prisão. Eles não conversaram muito — o prisioneiro não estava acostumado a falar, e o visitante parecia satisfeito em ficar sentado sem abrir a boca — mas o prisioneiro sentiu que eles se entendiam e o silêncio era relaxante e uma forma de companheirismo. E quando o visitante posteriormente se levantou para ir embora, enfiou a mão no bolso e pegou um envelope, dentro do qual havia uma semente minúscula que ele colocou na mão do prisioneiro. "Tome conta disto", disse ele: "é a única que resta no mundo." Depois foi embora, deixando uma sacola onde havia um vaso, um pouco de terra e as instruções necessárias.
>
> O prisioneiro plantou a semente e colocou o vaso no peitoril da janela, onde poderia receber a maior quantidade de luz. Ele a regava sempre que havia necessidade de água, e a ficava observando. Ele esperou, esperou e esperou por um sinal de vida, até começar a acreditar que nada aconteceria. Mas depois, repentinamente, certo dia, aconteceu! Um pequeno broto começou a crescer. Maravilhado, o prisioneiro o observava. O broto realmente estava ali! Ele mal conseguia acreditar depois de tanto tempo, e tudo era muito excitante!
>
> Durante alguns dias, ele manteve seu segredo nas profundezas do seu íntimo — talvez ele estivesse necessitando de um tempo para se acostumar

com a idéia — mas depois, à medida que a planta foi ficando mais forte, ele contou tudo ao carcereiro, que demonstrou um grande interesse.

E quando a história se espalhou pela prisão, pessoas começaram a aparecer e a fazer perguntas do outro lado da porta, querendo saber como a planta estava se desenvolvendo, até que um dia as autoridades do presídio passaram a deixar que outras pessoas entrassem na cela para ver pessoalmente o progresso, e o nosso prisioneiro começou a constatar que gostava daquelas visitas e que também gostava de conversar sobre outros assuntos, além da sua planta.

À medida que a planta crescia, o prisioneiro se encantava com sua beleza, seu equilíbrio, sua simetria. Depois, certo dia, o visitante da prisão tornou a aparecer, trazendo consigo outra sacola.

"Acho que chegou o momento de mudar o vaso da sua planta", disse ele. Ele virou o vaso de cabeça para baixo e bateu nele com o cabo de uma espátula.

O prisioneiro olhou espantado para a massa compacta de raízes. "Tudo isso", disse ele, "para uma planta tão pequena!"

O visitante sorriu. "Ela estava precisando apenas de paz e sossego e de tempo para poder se desenvolver", disse ele. E depois, com muito cuidado, colocou a planta num vaso maior, onde teria mais espaço para crescer e espalhar suas raízes e onde também teria mais terra para se alimentar.

Ninguém se preocupava em trancar a porta da cela, e o prisioneiro tinha liberdade de entrar e sair quando quisesse. Certo dia, o diretor da prisão veio para admirar a planta (que estava se enchendo de botões) e para perguntar ao prisioneiro se ele gostaria de trabalhar no jardim da prisão. Eu não sei o que o prisioneiro achou dessa idéia; deve ter sido estranho para ele pensar que poderia ir para o lado de fora depois de tantos anos, que poderia ampliar seus horizontes, englobando uma área a respeito da qual ele supostamente nada sabia. A única coisa que eu sei é que ele aceitou a idéia e passou a explorar esse novo mundo de espaço, cores, sons, sensações, sabores e cheiros até se sentir completamente à vontade nele, deixando que sua imaginação e suas capacidades se desenvolvessem, até ter criado naquela prisão um jardim diferente de todos os demais.

E quando chegou o dia da sua libertação, o prisioneiro foi a uma entrevista, que tinha sido organizada pelo diretor da prisão, para tentar o cargo de jardineiro numa grande mansão. Enquanto caminhava pelos jardins, ouvindo os pássaros e sentindo a beleza de tudo o que o cercava, ouviu uma voz distante: "Toda essa riqueza é nojenta. Essa gente não merece isso. Esse lugar deveria ser dividido e desenvolvido. Por que essas pessoas haveriam de ter tudo isso, quando outras pessoas nada possuem?"

Nosso ex-prisioneiro ouviu isso e muito mais enquanto estava em meio àqueles verdadeiros jardins, andando de um lado para o outro, passando por chafarizes, caminhando por uma larga avenida com velhas árvores dos dois lados, chegando a um templo na parte mais baixa; ele pensou então que toda aquela paisagem noutros tempos fora apenas uma idéia na cabeça de alguém, e pensou também como tudo crescera e se desenvolvera ao longo dos séculos para atingir sua atual beleza e produtividade. Ele se conscientizou de como essa grande propriedade se enquadrava no lugar onde estava; de como ela fora criada para o prazer e o deleite de gerações futuras e comentou tudo isso com o chefe dos jardineiros, que o estava acompanhando no passeio.

"Poderíamos até levar essa discussão um passo mais adiante", disse seu acompanhante, com um sorriso, "perguntando-lhe: você acha que merece esse emprego?"

"Merecer? Eu não apenas o mereço, como também seria extremamente ingrato às milhares de pessoas que no decorrer de séculos participaram da criação dessa propriedade, caso eu recusasse a oferta de conviver com tudo isso e de acrescentar minha própria contribuição ao seu sucesso e ao seu desenvolvimento contínuo." E vou deixar a seu cargo imaginar o prazer, a felicidade, a harmonia e o crescimento que nosso amigo encontrou em sua nova vida.

QUEM?

O diagrama da página 71 foi criado por Robert Dilts e Todd Epstein no seu desenvolvimento do trabalho de Gregory Bateson, o cientista inglês cuja teoria forneceu uma estrutura intelectual para uma ampla variedade de disciplinas, da cibernética à Programação Neurolingüística (PNL). Ele mostra o relacionamento existente entre nós e nosso ambiente, bem como entre nós e o universo ao qual pertencemos. Partindo da parte central do diagrama, podemos ver que nossa identidade se baseia nas crenças e nos valores que adotamos. Eu sou uma consultora de aprendizado por acreditar que todos nascemos para aprender, por acreditar que todos querem ter um bom desempenho e também por acreditar que nossa experiência subjetiva (ou seja, o que ocorre no nosso interior) afeta tudo o que fazemos. A competência ou a capacidade

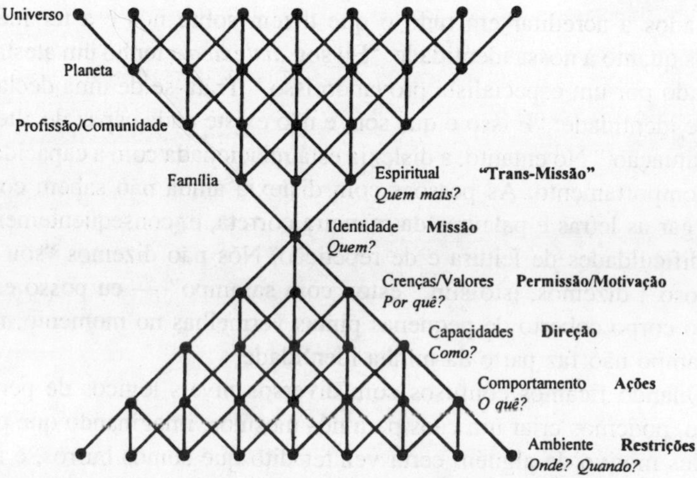

Rede de níveis lógicos

apóia essas crenças: sei como descobrir o que as pessoas realmente querem; sei como redescobrir suas capacidades naturais; sei como descobrir suas experiências subjetivas. Meu comportamento cria as capacidades: dou bastante tempo aos meus clientes; eu lhes dou uma atenção não dividida; eu me junto a eles nos seus modelos do mundo. Procuramos um lugar agradável e tranqüilo para trabalhar, onde não seremos interrompidos, num horário do dia em que nenhum de nós esteja excessivamente cansado.

Este é um diagrama muito útil para refletirmos sobre o pensamento e também para nos ajudar a formular perguntas úteis. Por exemplo: "Você diz que seu chefe não gosta de você. Como é que você sabe disso?" A resposta sempre é um material com o qual podemos trabalhar, ao passo que uma frase do tipo "Não seja tola; tenho certeza de que ele gosta de você!" representaria apenas o meu sistema de crenças em oposição ao seu.

Já analisamos como os "mais velhos e melhores" devem estar certos, porque têm anos a mais de experiência e, conseqüentemente, devem saber muito mais do que nós a respeito do mundo. Estamos sempre inclinados a acreditar em tudo o que dizem sobre nós e a ter idéias inúteis quanto à nossa identidade. "Eu sou *disléxico* e tenho um atestado assinado por um especialista provando isso." Trata-se de uma declaração de identidade: "É isso o que sou, e não existe nada capaz de alterar essa situação." No entanto, a dislexia está relacionada com a capacidade e o comportamento. As pessoas com dislexia ainda não sabem como enxergar as letras e palavras da maneira correta, e, conseqüentemente, têm dificuldades de leitura e de repetição. Nós não dizemos "sou saramposo"; dizemos, isto sim, "estou com sarampo" — eu posso estar com o corpo coberto de pequenas pintas vermelhas no momento, mas o sarampo não faz parte da minha identidade.

Quando ficamos confusos com diversos níveis lógicos de pensamento, podemos criar um caos para nós mesmos, imaginando que pelo simples motivo de alguém certa vez ter dito que somos burros, é isso o que somos, e não existe nada que possamos fazer para modificar essa situação. O que essa pessoa realmente estava querendo dizer? Você tinha se esquecido de alguma coisa que deveria ter feito? Isso foi um comportamento. Você não conseguiu responder com rapidez suficiente a uma determinada pergunta? Isso foi uma capacidade. Você quebrou alguma coisa? Então foi um comportamento. *A tal afirmação nada tem que ver com a sua identidade*, e, conseqüentemente, não tem nenhum efeito sobre suas crenças quanto às suas capacidades.

Portanto, quem você realmente é? Faça uma pausa e reflita sobre isso. Trata-se de uma questão difícil. Talvez você prefira optar por uma metáfora. Por exemplo, quando estou trabalhando em minhas pesquisas, costumo imaginar que sou uma lontra marinha. As lontras vivem em meio às algas ao longo do litoral da Califórnia, e quando você observa como elas se divertem, você acaba compreendendo que elas aprendem por meio de brincadeiras, de diversões, simplesmente sendo o que são. Quando estou trabalhando com grupos, penso em mim como uma fonte, produzindo algo que as pessoas podem ver, ouvir, sentir, saborear e cheirar; algo que as pessoas podem pegar ou não, dependendo do que querem, ao passo que estou imbuída por uma fonte interminável de energia. Se você decidir escolher uma metáfora para a sua pessoa, reflita sobre os motivos da sua escolha, sobre o que o atraiu para essa imagem. Isso faz parte do que você é. Você encontrará mais detalhes a respeito do uso de metáforas no capítulo "Mentores, Metáforas e Modelos".

A última pergunta que quero fazer a você agora é a seguinte: *Você é alguém que merece ter sucesso?*

QUEM MAIS ALÉM DE VOCÊ?

Desde o momento em que nascemos, cada um de nós faz parte de um sistema que, por sua vez, faz parte de um sistema maior. Examinando outra vez o diagrama, podemos constatar que fazemos parte do sistema familiar (que pode incluir nossos amigos mais íntimos). Nossa família faz parte de um sistema de amigos, de colegas e de vizinhos. Esse sistema é parte da raça humana, a raça humana é parte do planeta e o planeta é parte do sistema ao qual chamamos de universo.

Quem mais será afetado se de repente nos transformarmos em verdadeiros ases do aprendizado?

As crianças percebem a dinâmica familiar desde muito cedo e, de forma consciente ou não, tornam-se dedicados protetores do sistema familiar. Afinal, é o único sistema que conhecem. Mudanças podem significar instabilidade e a instabilidade é assustadora — perdemos a capacidade de prever o que irá acontecer. Como é que um garoto se sentirá a respeito do que poderá acontecer com seu pai analfabeto, e que ele adora, caso fique com cara de tolo diante de um filho capaz de ler e escrever? Se ajudar a filha a resolver os problemas de matemática é a única contribuição à família da qual a mãe se orgulha, o que acontecerá com o papel materno se a filha repentinamente for capaz de solucionar sozinha todos os problemas?

Aprender outro idioma pode significar comportar-se de um modo diferente. E um comportamento diferente pode abalar o sistema. Nossos pais talvez não se interessem pelas nossas revelações a respeito das descobertas que fazemos na escola. Se acharmos que isso significa que quaisquer descobertas que façamos na escola não contribuem para o sistema familiar, podemos decidir pela manutenção da estabilidade, recusando-nos a fazer qualquer descoberta.

Fora do sistema familiar, há o sistema escolar. Uma professora certa vez disse a uma criança que conheço, e que tinha anunciado exultantemente que um dos seus parentes prediletos acabara de voltar de Abu Dhabi, "Não existe nenhum lugar chamado Abu Dhabi, Alexander; deixe de ser exibido." Alexander rapidamente aprendeu a não perturbar esse sistema e a manter a boca fechada no futuro. Formular a pergunta "errada" também pode abalar o sistema quando a outra pessoa não sabe a resposta. E como fazemos para saber quais são as perguntas certas e erradas? É possível que seja bem mais seguro desistir de todas as perguntas.

Para sermos capazes de prever o que acontecerá em qualquer sistema do qual sentimos fazer parte, nós nos esforçamos ao máximo para manter o papel que desempenhamos nele. Se alguém abandona totalmente o hábito de beber, o que acontecerá com sua esposa martirizada, que sofreu durante tantos anos e que lhe deu tanto apoio, agora que esse papel lhe foi tomado? O que acontecerá com o marido que sempre liderou os assuntos familiares quando sua mulher aceita um emprego e se torna financeiramente independente? Será que realmente queremos criar todas essas mudanças, esses momentos de mal-estar e todos esses problemas de identidade para as outras pessoas? Ou será que não seria mais simples continuar sendo o que sempre fomos até então?

Você pode gostar de pensar a respeito de quem você é como parte do sistema familiar. Em seguida, pense a respeito de quem você é como parte do sistema mais amplo de amigos, de colegas e das demais pessoas com as quais convive. E que diferença faria para elas se você repentinamente se modificasse? Ter um desempenho melhor do que o dos seus colegas pode deixá-los com ciúme ou inveja, o que afetaria o relacionamento entre vocês; em outras palavras, isso abalaria o sistema de trabalho. Pode ser melhor continuar exatamente como se era antes.

- Se você é sempre muito calmo e quieto no trabalho, restringindo-se a cumprir suas funções e a fazer o que lhe mandam, o que aconteceria se você questionasse o comportamento de alguém que lhe parece um tanto inconveniente?

- Se você sempre teve uma resposta para tudo, o que aconteceria se você dissesse: “Não sei”?
- Se você sempre foi uma pessoa disposta a fazer coisas pelos outros, o que aconteceria se você dissesse “Não”?
- Será que aquela pessoa extremamente agressiva no seu ambiente de trabalho passará a importunar outros se você lhe disser que não aceita mais as atitudes dela?
- Se você sempre foi uma pessoa previsível, o que aconteceria se os outros não pudessem mais contar com a certeza de que você sempre fará exatamente o que eles esperam?
- Se você nunca deu a sua opinião por achar que ela não tinha nenhum valor, o que aconteceria se você resolvesse começar a se testar, dizendo exatamente o que pensa a respeito de todos os assuntos?
- Será que as demais pessoas seriam capazes de se adaptar caso você se transformasse? E será que você conseguiria se adaptar à possibilidade de que os demais poderiam não se adaptar?

Era uma vez uma mulher pobre e velha, tão pesada que mal conseguia se deslocar de um lado para o outro. Ela sempre usava roupas escuras e largas, que a faziam parecer ainda mais gorda, e sua aparência era a de um amontoado de coisas indescritíveis. Essa pobre e velha mulher amava seu marido e seus filhos, mas o marido vivia se queixando o tempo todo, as crianças choravam o dia inteiro e a pobre criatura não tinha amigos, porque ninguém quer ser amigo de um amontoado de coisas indescritíveis.

Certo dia, quando estava pendurando as roupas no varal, apareceu uma cigana idosa e sábia com um cesto repleto de pregadores de roupa resistentes, feitos à mão. E ela começou a bater papo com o nosso amontoado de coisas indescritíveis. Tinha uma voz agradável, suave e profunda, olhos escuros num rosto corado de expressão sapiente; e as palavras que disse de alguma forma chegaram até o fundo do coração de nossa pobre amiga, o que fez com que ela irrompesse em lágrimas.

Quando a cigana perguntou à pobre mulher quem ela era, a mulher respondeu, sem sequer parar para pensar: “Eu sou uma toalha de banho. Eu existo apenas para absorver as lágrimas, as mágoas, as dores e os desapontamentos da minha família.”

A cigana disse que achava maravilhoso que aquela pobre criatura quisesse envolver sua família na segurança do seu amor, apesar de todos se mostrarem frios e indiferentes para com ela. E ela disse que achava que a toalha deveria ser enorme para envolver totalmente uma família tão grande. Depois, com muito tato e delicadeza, ela explicou que quando as toalhas ficam molhadas, elas precisam ser estendidas ao sol para secarem, para dançarem ao vento, para se recuperarem. E ela deu ao pobre amontoado de coisas insignificantes alguns dos seus prendedores especiais e também algumas urzes para que tivesse sorte.

E quando a toalha secou e ficou leve, bem suave e macia, nossa amiga deixou de ser uma pobre mulher velha; ela se sentiu leve, bem-disposta, ágil, branda, amável e bonita — totalmente nova, usando roupas alegres e rodadas, capaz de aproveitar o fato de ser quem ela queria, ao mesmo tempo que transmitia calor, segurança e conforto à sua família.

Eu me pergunto que descobertas você fez a respeito de si mesmo e também quanto ao "onde", "quando", "o que", "como" e "porque" você não aprende; e como isso é influenciado por quem você é, bem como pelas demais pessoas e situações. Talvez seja uma boa idéia fazer uma lista.

Uma Pausa para Pensar: O que Você Quer?

Já refletimos a respeito de como fazemos coisas estranhas para impedir as sensações de mal-estar e também compreendemos que as sensações desagradáveis são aquilo de que queremos nos afastar, conscientemente ou não. A questão agora é a seguinte: o que é que eu quero fazer em vez do que fazia? Qual seria uma maneira satisfatória e gratificante pela qual eu poderia me sentir bem? Se você fosse um agente de viagens e eu lhe pedisse para organizar as férias para mim, você certamente me perguntaria para onde eu gostaria de ir. Se eu lhe dissesse apenas que não quero passar frio e que não quero ir para o litoral, eu dificilmente poderia jogar a culpa em *você* se me visse montada num camelo no meio do deserto, e com uma mala repleta de vestidos de noite, tendo esperado viajar para algum hotel de luxo.

Por esse motivo, a pergunta a ser feita é "O que você quer?" E também "O que isso lhe dará?", que é apenas uma outra formulação para "Por que você quer isso?"

Não há respostas certas nem erradas; há apenas as *suas* respostas. O diagrama da página seguinte mostra uma série imaginária de resultados. Comece pela parte inferior e vá subindo. Meus alunos se referem a esse esquema como sendo a Árvore de Natal.

Você pode continuar até o nível espiritual se quiser. A finalidade do exercício é descobrir se você realmente quer o que acha que quer e também descobrir o que o está impedindo de ser quem você realmente é. Em outras palavras, por que você ainda não tem o que quer ter? No exemplo usado parece que o obstáculo é uma falta de confiança em si mesmo. Se você simplesmente nunca teve uma oportunidade de ir até

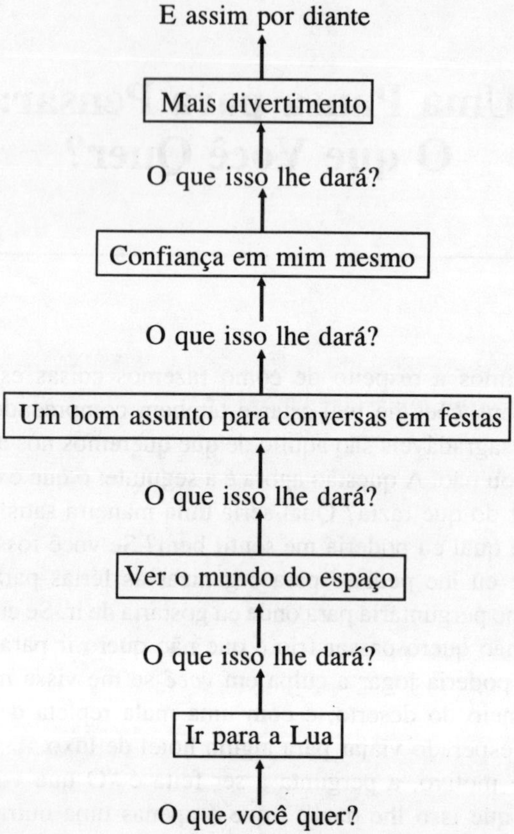

Árvore de Natal

à Lua, então nada o está impedindo. No entanto, se você acredita que tem medo demais para fazer uma coisa dessas, pergunte o que o está impedindo de ter mais confiança em si mesmo. E também o que aconteceria se você tivesse essa confiança.

Agora que você já sabe o que realmente quer, a pergunta seguinte é: Você merece isso? Ou será que as coisas ruins que outras pessoas podem ter dito a seu respeito são verdadeiras? Nos meus tempos de adolescente, meu pai, por algum motivo qualquer, concluiu que eu era uma garota "insatisfeita" e passou a fazer sermões intermináveis a respeito desse tema. Depois, quando meu irmão caçula entrou na puberdade e começou a passar por todas aquelas coisas pelas quais os adolescentes precisam passar, meu pai passou a repetir todos aqueles sermões outra vez: eu não apenas era uma garota insatisfeita, mas também tinha conseguido contaminar meu irmão com essa doença anti-social — tudo era culpa minha. Felizmente, alguns anos antes eu tinha decidido que, pouco importando o que as demais pessoas pudessem dizer, eu não era *tão* ruim assim, de modo que os intermináveis sermões do meu pai, apesar de irritantes, não me atingiram tanto quanto poderiam ter atingido.

Durante um seminário com John Grinder, certa noite nossa lição de casa consistiu em lembrar todas as velhas frases usadas na família e que tinham se instalado na nossa mente inconsciente, podendo agora contribuir para impedir nosso progresso. Apareceram alguns exemplos interessantes:

- Quem você pensa que é?
- Deixe de ser tão metido.
- "Eu quero" não é a melhor maneira de conseguir as coisas.
- E quem é que vai dar atenção a você?
- Ele acha que é melhor do que os outros.
- Você não merece isso.
- Sem esforço da sua parte, nada feito.
- O que faz você achar que é tão importante?
- Lembre-se de que você é sempre o último.
- Ela se acha o máximo.

Um dos meus radialistas prediletos, Rabbi Lionel Blue, deixou meu mundo de cabeça para baixo quando declarou: "Ama o próximo como a ti mesmo significa 'tanto quanto a ti mesmo'; portanto, se você não amar a si mesmo, você não terá utilidade alguma para o próximo." Não era esta a interpretação que eu aprendera quando criança, mas é claro que faz muito mais sentido do que permitir que todos vivam nos atropelando o tempo todo.

UM SONHO ALÉM DO SONHO

Georg Büchner, um escritor teatral alemão do século XIX, conta a história de uma criança que chorava por querer a Lua e que, quando a conseguiu, descobriu que ela nada mais era do que um naco de queijo podre. Os chineses dizem que quando terminamos de construir nossa casa, morreremos; e John Grinder recomenda: “Mantenha sempre um sonho além do seu sonho”, porque dessa maneira, quando atingir seu sonho, você terá outra meta pela frente. Se não for assim, o que haverá para ser feito? O medo do sucesso muitas vezes é o medo de ficar numa situação sem metas e objetivos. Eu consegui o que queria, obtive o sucesso que desejava — e agora, o que é que eu faço? Eu sempre me pergunto “O que isso irá me proporcionar?” quando trabalho com resultados, para deixar bem claro o sonho além do sonho. Os seus resultados são os pensamentos que você tem aqui e agora; você pode modificá-los sempre e como quiser, na medida em que idéias novas e ainda mais excitantes lhe ocorrerem.

Caia em Si

Conforme já vimos, o aprendizado é formado por dois processos: absorvemos informações, por meio de um ou mais de um dos nossos cinco sentidos, e depois reproduzimos essas informações quando necessário. Tomando por base os trabalhos realizados sob o efeito da hipnose para lembrar acontecimentos passados, tem-se a impressão de que as informações são absorvidas de qualquer modo, pouco importando se temos ou não consciência disso. A única coisa que nos resta fazer é agilizar nossos sistemas de arquivamento e de referências cruzadas para sermos capazes de usar o que necessitamos, sempre que quisermos fazê-lo.

Está-se tornando cada vez mais fácil encontrar livros. Nos velhos tempos, precisávamos conhecer o título, o autor e a editora; agora, se quero encontrar um livro a respeito do qual ouvi falar qualquer coisa semanas atrás, mas não tenho a menor idéia de quem o escreveu, lembrando apenas que é a respeito de uma ponte, o livreiro pode me fornecer uma lista de todos os livros à venda nos quais a palavra "ponte" aparece no título; basta que eu examine esta lista até reconhecer o volume que estou querendo encontrar. Esse é um sistema de referências cruzadas muito útil, mas os computadores dos livreiros lidam apenas com palavras e números, ao passo que nós temos cinco sentidos, o que torna as coisas muito mais simples. Vamos agora pensar sobre os nossos cinco sentidos, sobre como e onde codificamos as informações recebidas por eles e como as acionamos quando as desejamos.

Os exercícios contidos nesta parte foram elaborados para o desenvolvimento de sistemas de aprendizado que podemos ter esquecido de usar e também para melhorar os que usamos muito. O truque principal está em permitir que as descobertas feitas por você se generalizem em todos os aspectos de sua vida. Por exemplo, se você estiver melhorando suas capacidades auditivas com a finalidade de se lembrar melhor de nomes, você pode usar as mesmas estratégias para lembrar algo que alguém lhe contou ontem ou o que alguém disse numa reunião.

Um aviso: a finalidade de todas as experiências sempre é a de permitir que as pessoas descubram sozinhas o quão inteligentes são, começando com alguma coisa fácil e depois aumentando as dificuldades de acordo com o grau de desenvolvimento de cada sistema: tornar as coisas difíceis para as pessoas só as levará a achar que são incapazes de fazer uma coisa, quando é óbvio que elas são capazes, mas apenas podem não ter consciência disso. Algumas pessoas terão resultados melhores nos exercícios visuais, outras nos auditivos e outras nas atividades cinestésicas, dependendo sempre do sistema que elas usam com maior freqüência.

COMO APRENDER VENDO

Ver é acreditar?

Examine atentamente o desenho a seguir. Ele mostra uma senhora ou uma moça?

Na verdade, existem duas mulheres nesse desenho; algumas pessoas verão uma delas, outras verão a outra. Quando você diz que existem duas mulheres, algumas pessoas são capazes de ver a segunda com maior facilidade e outros simplesmente não conseguem enxergá-la. A moça está olhando sobre seu ombro esquerdo. Você pode ver a orelha direita dela, a linha do seu maxilar, a fita no seu pescoço, a ponta do nariz e os cílios do olho direito. E você pode ver o perfil direito da senhora, com seu queixo escondido entre as peles que envolvem seus ombros erguidos.

Todos temos percepções diferentes do mundo. As pessoas são capazes de discutir acirradamente a respeito do que existe nesse desenho, e mesmo quando sabem que existem duas mulheres, elas ficam exasperadas quando alguém não consegue enxergar a mulher que elas vêem. Existem tantas informações à disposição no mundo que, num nível

consciente, absorvemos apenas o que queremos ou o que julgamos necessário ver. Por exemplo, no que diz respeito à poeira, eu tenho um excelente sistema de filtros: eu simplesmente não a vejo. Num exercício, John Grinder sugeriu que escolhêssemos uma qualidade que gostaríamos de ter para descobrir o que aconteceria se a tivéssemos. Eu optei pela atenção aos detalhes porque queria apreciar mais a boa produção artesanal, e descobri horrorizada que passei a circular por salas magníficas percebendo pequenos pedaços lascados na lareira, trechos descolados do papel de parede e falhas nas molduras — detalhes pelos quais não tinha o menor interesse.

Conforme já descobrimos antes, no caso do cubo de Necker, o cérebro precisa encontrar um sentido na informação que recebe e assim, se as informações não forem suficientes, ele se encarregará de fechar as brechas. Quando minha prima começou a ver coisas estranhas por causa de um tumor cerebral, ela concluiu que essas coisas eram cachorros; ela sabia que eram alucinações, mas gostava da idéia de ter alguns cachorros a mais em sua casa. A ilustração abaixo foi extraída do livro *Mind Skills* de David Lewis. O que ela mostra? Observe-a durante 15 segundos e depois prossiga com a leitura.

O que este desenho mostra?

Algumas pessoas vêem uma cabeça e ombros; outras, um bebê. A mente dessas pessoas está juntando pontos diferentes, preenchendo vazios diferentes. E você, o que vê? Na verdade, trata-se de um homem a cavalo; depois de saber disso, você pode facilmente preencher as lacunas existentes.

Vendo o que existe

> Que vida é esta, se, continuamente ocupados,
> não temos tempo de parar e contemplar?
>
> William Henry Davies (1871-1940)

Na nossa sociedade, parece que ficar parado, olhando atentamente para alguma coisa, é uma atividade chocante e imoral. Todos sempre esperam que estejamos ocupados, correndo de um lado para o outro o dia inteiro. Se alguém nos flagra olhando os cisnes no rio, fazemos questão de explicar rapidamente que estamos a caminho de algum lugar, e só fizemos uma pequena pausa porque descobrimos que era cedo demais, ou que estamos esperando por alguém — qualquer coisa menos admitir que estamos "desperdiçando" tempo, simplesmente tendo o prazer de olhar para alguma coisa.

Como haveríamos de aprender a ver as coisas de uma maneira adequada se nunca nos reservamos tempo para olhar? Como é que algum dia conseguiremos sentir prazer pelo uso dos nossos olhos se nunca nos damos tempo para olhar fixamente para alguma coisa? Como podemos aprender a apreciar uma paisagem, um prédio, uma obra de arte, se nunca paramos diante dessas coisas? Na minha qualidade de fada madrinha, meu presente para você seria tempo. Tempo para sentir prazer, para curtir tudo o que chegar até você pelos seus cinco sentidos, a começar pelo olhar. Tempo para descobrir o mundo que existe fora de nós mesmos.

> Tente assistir a um programa de televisão sem som para ver quantas informações será capaz de captar sem a ajuda de palavras ou de músicas que podem influenciar a atmosfera. Há quantidades enormes de informações que podem ser obtidas apenas pela observação.

O exercício que proponho a seguir é algo que todas as crianças gostam muito de fazer.

> Imagine que você veio do espaço para visitar o planeta Terra e que está em contato pelo rádio com sua nave espacial. Sua tarefa é descrever as coisas que encontra para o Especialista em Assuntos Terráqueos que se encontra a bordo, para que ele possa concluir do que se trata. Essa é a primeira vez que você visita a Terra, de modo que você nada sabe a respeito dos nossos curiosos costumes. Por exemplo, sua descrição pode ser: "Trata-se de um objeto frio e brilhante, pesado para seu tamanho e com o mesmo comprimento da minha mão, mais ou menos. Ele começa comprido e fino — com a largura do meu dedo médio — depois se estreita. A parte

estreita é cerca de um terço mais longa que meu dedo médio; depois ele se espalha formando um círculo côncavo na outra extremidade. Dentro desse círculo, sou capaz de reconhecer meu rosto de cabeça para baixo." Você continua com sua descrição até que o Especialista em Assuntos Terráqueos decida que você está descrevendo uma simples colher de sopa.

O visitante está usando sua capacidade de observação, ao passo que o Especialista em Assuntos Terráqueos está usando a capacidade de construção visual.

Memória visual

A memória visual é quase perfeita — desde que saibamos onde olhar. Outro dia, perdi minha bolsa; eu a procurei por todos os lados, mas como não consegui encontrá-la, acabei saindo sem ela. No carro, descontraída, fiz a primeira coisa sensata na minha busca: olhei de relance para o lado esquerdo, onde guardo minhas memórias visuais, e lá vi a mim mesma colocando uma porção de bugigangas que tinham se armazenado no carro dentro de uma lata de lixo. Incapaz de acreditar que pudesse ter jogado fora minha própria bolsa, ingressei na imagem e senti o peso da bolsa debaixo de todas as bugigangas: voltei imediatamente e ela de fato estava lá!

Para que possamos usar nossa memória visual da melhor forma, precisamos saber em que lugar do cérebro arquivamos nossas imagens. Faça perguntas a pessoas envolvendo a memória visual e você perceberá que os olhos delas se movimentam — geralmente para o lado esquerdo, no caso de pessoas destras — para conseguirem encontrar a imagem que armazenaram. A seguir, há algumas perguntas que você pode usar para testar essa teoria com seus amigos. Se os olhos deles não se movimentarem, isso é sinal de que as perguntas são fáceis demais e você deve tentar outra coisa que os obrigue a procurar em suas lembranças. Esses movimentos dos olhos são muito rápidos, de maneira que você deve ter cada uma das perguntas preparada mentalmente para poder observar a pessoa enquanto a formula; se você ler a pergunta para ela e depois levantar os olhos, você não perceberá o movimento. Enquanto você mesmo estiver pensando nas respostas para essas perguntas, você se conscientizará de como está fazendo uma rápida verificação de suas próprias imagens interiores.

- Qual é a cor da porta da frente da sua casa?
- Qual é o formato da Austrália?
- Como era a aparência de Charlie Chaplin?
- Lembre-se de um belo pôr-do-sol.
- Qual foi o primeiro filme que você viu?
- Que roupa sua melhor amiga estava usando quando você a viu pela última vez?
- Qual era a cor da porta da frente de sua primeira escola?
- Descreva o aspecto exterior do lugar onde você mora.

Como eu não conheço os seus amigos, estas perguntas não chegam a ser particularmente interessantes; você certamente será capaz de elaborar perguntas muito melhores, como a cor dos olhos de algum conhecido. O importante é lembrar que todos temos diferentes sistemas de arquivamento. Não existe um lugar "certo" nem "errado" para se guardar as imagens lembradas; nós apenas precisamos saber onde elas se encontram.

Algumas pessoas sabem que formam imagens interiores. Outras irão jurar que nunca fazem isso, e se você lhes perguntar como conseguem reconhecer as pessoas, elas dirão que simplesmente se lembram, e ponto final. Esses são sempre os tipos mais interessantes. Peça-lhes que descrevam uma escada em espiral sem usarem as mãos, e veja o que acontece — para onde se movimentam seus olhos e que tipo de linguagem usam? Preste atenção em expressões como:

- Vejamos.
- Parece que...
- No meu modo de ver...
- Do meu ponto de vista...
- Sob essa perspectiva...
- Se focalizarmos...
- Não consigo ver a relação.
- qualquer outra frase com referência visual.

Se você insistir em salientar que essas pessoas estão usando imagens interiores, faça-o com muita delicadeza — lembre que muitas pessoas não gostam de que suas teorias sejam contestadas.

A memória visual é particularmente boa no sentido de nos capacitar a reproduzir coisas exatas como tabelas e diagramas. No seu livro *Make the Most of Your Mind*, Tony Buzan nos ensina a criar mapas mentais em vez de escrever anotações monótonas, de modo que nossas memórias visuais consigam ver as cores e as formas e reproduzir todas as informações sem dificuldade. Usamos a memória visual para todos os tipos de coisas, incluindo como chegar a determinados lugares ou onde estacionamos o carro, para perceber o que se modificou em alguém ou em alguma coisa. Podemos usá-la também para lembrar como alguma coisa funciona, desde que tenhamos visto suas partes móveis, ou como alguém fez alguma coisa; para lembrar onde vimos pela última vez algo que perdemos, ou para lembrar uma cena, uma reunião ou uma discussão, de modo que possamos repassá-la em nossa mente, caso tenhamos a necessidade de compreender melhor o que aconteceu. Pessoas que desenvolveram suas memórias fotográficas são capazes de reproduzir páginas inteiras de livros, e muitos de nós conseguem lembrar onde viram algo num livro ou jornal, quando precisam daquilo rapidamente; por exemplo, no canto superior de uma página da direita, quase no fim do livro.

Você pode começar a se conscientizar sobre onde, quando e como está usando mais eficientemente sua memória visual, e também pode perceber como seus amigos e familiares se utilizam das deles, pela maneira como movimentam os olhos, pelas palavras que empregam e fazendo-lhes perguntas. As pessoas costumam falar mais depressa quando estão no modo visual porque suas informações estão chegando nesta velocidade acelerada. Outras pessoas podem dispor de estratégias úteis a respeito das quais você pode não ter pensado: se você acha que tem uma péssima memória para rostos ou nomes, pergunte a alguém que não enfrenta este problema como faz para conseguir isso e depois passe a usar a estratégia dessa pessoa. A grande vantagem da memória visual está na sua rapidez. Lembrar uma imagem interior é algo mil vezes mais rápido do que repetir palavras lembradas; basta pensar quanto tempo o visitante da Terra, no último jogo, levou para descrever objetos simples.

Convença um ou mais amigos a posarem, como se fosse para uma fotografia. Permita ao seu cérebro tirar uma foto mental deles — o tempo de exposição pode ser tão rápido ou tão demorado quanto você quiser. Em seguida, feche os olhos e peça que cada um deles modifique alguma coisa: eles podem querer mudar a posição de um dos pés ou de uma das mãos — qualquer coisa que seja razoavelmente óbvia na primeira vez. Agora abra os olhos e diga-lhes o que foi modificado.

Quando você tiver feito isso com sucesso, poderá se conscientizar da grande quantidade de informações que teve de processar para reconhecer o que foi modificado. Você pode perguntar a si mesmo como foi capaz de fazer isso. Como foi que você encontrou a memória da aparência das pessoas antes de elas se movimentarem? Como foi que você comparou esta lembrança com as novas poses? Você tinha duas imagens lado a lado, para compará-las e contrastá-las, ou você simplesmente colocou uma das imagens sobre a outra para notar as diferenças? Ou será que você fez alguma outra coisa? E como foi que você conseguiu fazer essa outra coisa? Essa é a sua estratégia para a memória visual, o método que você utiliza sempre que surge a necessidade.

Se você acha que não sabe as respostas a essas perguntas, quais seriam as respostas se você soubesse? Em outras palavras, adivinhe, dê palpites! A resposta que surgir primeiro é a resposta da sua mente inconsciente; e ela sempre sabe das coisas. Depois de ter descoberto qual é sua estratégia, você pode repetir a experiência para melhorar sua memória visual, pedindo aos seus amigos que tornem a tarefa cada vez mais difícil, até que as diferenças se tornem muito pequenas, como no caso de alguém tirar os brincos ou fechar um botão. Eu me lembro de uma ocasião em que fiz poses para Phyllis. A única coisa que fiz foi mudar meu crachá do lado esquerdo para o direito. Phyllis pousou a mão sobre seu próprio crachá e disse: "Não consigo ver a diferença." Mas a mente inconsciente dela estava lhe mostrando a resposta.

Pouco antes de adormecer, quando estou descontraída e confortável, gosto de lembrar ou criar cenas para uma história, apenas para me divertir. Eu posso me recordar de um dos meus jardins prediletos, de um passeio agradável, de uma casa da qual gosto ou de um dos meus aposentos preferidos, e gosto de relembrar as proporções, as formas, as cores, a luz, as sombras, os movimentos. Depois, às vezes, modifico um pouco os elementos, acrescentando ou eliminando coisas — por simples brincadeira. Um amigo canhoto costuma guardar todas as suas lembranças felizes acima dele e à direita; a partir deste ponto, ele é capaz de "chamá-las" outra vez, sempre com prazer renovado. Ele costuma se descrever como sendo "um excelente memorialista".

Tente descrever um amigo a um outro amigo e verifique quanto tempo é necessário para que ele reconheça a pessoa a respeito da qual você está falando.

Estas são apenas algumas sugestões para despertar sua imaginação. Eu não sei o nome do músico que declarou certa vez: "Eu nunca ensaio; eu sempre toco!" Quanto mais exercitarmos nossa memória visual, tanto melhor ela se tornará. Nosso cérebro consegue aprender numa velocidade espantosa, e, assim que ele percebe que você está interessado na memória visual, ela será desenvolvida mais rapidamente.

APRENDER OUVINDO

Simpatia pelos sons

Há na alma uma simpatia pelos sons;
E quando a alma está afinada, o ouvido fica satisfeito
Com as árias que se fundem, ou sons marciais, rápidos e graves:
Algum acorde em uníssono como que ouvimos
É tocado em nós e o coração responde.

William Cowper (1731-1800)

Os sons transmitem informações ao cérebro e nós interpretamos as novas informações de acordo com aquelas que já estão à nossa disposição. Tal como no caso dos olhos, usamos um processo de filtragem para eliminar aquilo de que não necessitamos. As pessoas que vivem nas cidades grandes provavelmente nem têm consciência do barulho incessante do trânsito. Quando estou me concentrando em alguma coisa, não ouço conscientemente o rádio tocando no fundo, nem o crepitar do fogo na lareira — esses sons não são necessários para o que estou fazendo, se bem que ficarão gravados no meu inconsciente. Precisamos saber onde encontrar o arquivo da memória auditiva; é provável que você o coloque abaixo de sua memória visual. Peça às pessoas que se recordem de um determinado som e é provável que elas olhem em direção a uma de suas orelhas.

- Quando foi que você ouviu sinos pela última vez?
- Como é o som de uma sirene da polícia?
- Você se lembra do som do seu despertador?
- Quais são as quatro primeiras notas da Quinta Sinfonia de Beethoven?
- Lembre-se do som de ondas quebrando nas pedras da praia.
- Lembre-se dos sons de uma chuva forte.
- Lembre-se da sua última conversa telefônica.
- Descreva a voz de Nelson Mandela.

Estas são algumas das inúmeras perguntas que você poderá formular aos seus amigos e familiares. Para onde seus olhos se movimentaram quando tentou lembrar dos sons? Novamente, caso eles não tenham se movimentado, isso é sinal de que minhas perguntas foram bem fáceis: encontre você mesmo sons que sejam mais difíceis de serem lembrados — talvez alguma coisa que você tenha ouvido há muito tempo ou que tenha ouvido apenas uma única vez.

Uma grande parte das informações que chegam como sons ao cérebro é formada por palavras. Quando nos recordamos de palavras, temos maior probabilidade de lembrar a maneira como foram pronunciadas e não as próprias palavras, porque as palavras por si só representam menos de 10% da nossa comunicação. O importante não é o que dizemos, mas sim como o dizemos. Como é o som destas palavras? O timbre é alto ou baixo? O som é estridente ou suave? Como é o tom?

E o ritmo? Que palavras estão sendo enfatizadas? Onde foram colocadas as pausas? Há uma enorme quantidade de informações para serem interpretadas e codificadas.

O som é vibração. Don Campbell, diretor do Institute for Music, Health and Education em Boulder, no Estado do Colorado, nos diz que há muitos anos os biólogos marinhos sabem que o corpo dos peixes é uma extensão dos seus ouvidos, e ele se pergunta quando os biólogos humanos compreenderão que isso também é válido para nós. Nós absorvemos os sons pelo corpo inteiro e o ritmo afeta a totalidade do nosso ser.

Tente fazer esta experiência — você irá precisar de música barroca (de compositores da primeira metade do século XVIII, como Albinoni, Bach, Corelli, Handel, Teleman ou Vivaldi) e de uma gravação de rock pesado, como o do Led Zeppelin. Você também precisará de alguém que o ajude.

1. Instale-se confortavelmente e fique ouvindo música barroca durante uns cinco minutos. Depois, peça que alguém teste a força do seu braço; estique o seu braço mais forte, formando um ângulo reto com o restante do corpo. A pessoa deve colocar a mão sobre o seu pulso e tentar pressionar o braço para baixo, enquanto você resiste a isso. Peça que a pessoa lhe dê uma nota numa escala de 1 a 10.
2. Repita a experiência, desta vez ouvindo o rock pesado, e depois compare as notas recebidas.

Fiz essa experiência com um amigo, que insistiu que eu testasse seus dois braços depois da música barroca, querendo provar que conseguiria a nota máxima também com o braço esquerdo. Quando ele percebeu, depois do rock pesado, que estava tão fraco que mal conseguia opor resistência, ficou furioso e começou a dar todas as desculpas imaginárias. Provavelmente, ele continua tentando se convencer de que eu fiz algum tipo de trapaça nessa experiência.

O filho de uma amiga estava encontrando dificuldade com seus deveres de casa de matemática. Apesar de ela não acreditar inteiramente nas histórias que eu lhe contava, minha amiga resolveu colocar uma fita de música barroca no aparelho de som do filho para ver o que aconteceria: ele terminou sua lição num piscar de olhos. Alguns sons têm a propriedade de nos fortalecer, da mesma forma que outros nos enfraquecem. A música barroca foi composta especificamente para libertar a alma dos assuntos terrenos, por meio de sua simetria e harmonia perfeitas. Eu costumo tocá-la nos meus seminários, quando estou com clientes e também quando estou trabalhando feito uma escrava diante do computador.

O som vibra o nosso crânio, e isso funciona para massagear e estimular o cérebro. O professor Alfred Tomatis, que realizou alguns trabalhos fascinantes com os sons, conta a história de como foi chamado a um mosteiro francês, onde os monges pareciam estar morrendo; desconfio que ele tenha sido convocado como uma espécie de última esperança, depois de todos os especialistas imagináveis terem sido testados. O que ele quis saber era exatamente o que mudara na rotina monástica antes de os monges adoecerem. Ele descobriu que o novo abade constatara que o tempo gasto com os cânticos poderia ser usado de maneira mais produtiva, de modo que os cânticos foram suspensos e os monges, cujos cérebros tinham sido massageados pelo canto diariamente durante muitos anos, de repente ficaram sem esse estímulo. Sem estímulo, o cérebro morre, e, quando o cérebro morre, o corpo também morre. Tomatis insistiu em que os cânticos fossem retomados e todos os monges recuperaram a saúde. Portanto, se estiver cansado ou deprimido, cante!

Don Campbell afirma que o único motivo pelo qual as pessoas desafinam quando cantam é que alguém cantou de modo desafinado para elas quando eram muito pequenas. Ele demonstra isso usando qualquer pessoa que afirma não ser capaz de cantar de modo afinado. Ele coloca sua mão direita na bochecha esquerda da pessoa e a mão direita dela na sua própria bochecha esquerda. Em seguida, ele canta uma nota e a pessoa passa a cantar a mesma nota, ou uma outra que esteja em harmonia com a emitida por ele. Quando isto não funciona, ele repete a experiência, encostando seu rosto no rosto da pessoa. Não sei de nenhum caso em que essa experiência tenha fracassado.

Sempre adorei o som dos cantos afros, mas nunca entendi os motivos disso até o dia em que estávamos cantando com Titos Sompa: ele estava cantando frases e nós as repetíamos. De repente, eu me conscientizei de que estávamos soando como africanos. Foi então que me lembrei de Don: nós não estávamos tentando cantar a mesma nota de Titos; estávamos apenas ressoando com ele, simplesmente cantando o que sentíamos que estava em harmonia com ele, e o resultado foi maravilhoso.

Ouvir

Ouvir não é uma das coisas que aprendemos na escola, e algumas pessoas parecem nunca aprender a fazer isso. Talvez isso possa ser explicado pelo fato de nelas ocorrerem tantos diálogos interiores que os sons exteriores acabam sendo completamente abafados. É possível também que elas tenham adotado um programa desde os seus tempos de bebê, nos termos do qual elas se sentem melhor falando. Pode ser também que elas, conscientemente ou não, tenham medo de que as outras pessoas possam enganá-las com o uso de palavras. Aprender ouvindo supõe, da parte de quem ouve, uma atitude descontraída: é como dar a nós mesmos a permissão de nos livrarmos de bobagens antigas e deixar que as informações fluam para o nosso interior. A informação é simplesmente isto: informação. Nosso cérebro é mais do que capaz de selecionar "o que entra", e, quando tudo estiver lá dentro, podemos aceitar ou rejeitar o que quisermos. Algumas pessoas têm medo de que, se não interromperem *agora* para formularem uma pergunta, elas se esquecerão do que querem perguntar. Se formarmos uma imagem interior de todas as informações que estão chegando até nós, continuaremos conscientes das falhas desta imagem quando a pessoa tiver terminado de falar; e quando chegar esse momento, nós provavelmente teremos recebido informações adicionais em quantidade suficiente para preencher as lacunas existentes.

A diretora da minha escola costumava ler para nós em voz alta, e gostava que trouxéssemos conosco alguma coisa para fazer enquanto ouvíamos, coisas como trabalhos de tricô ou bordados. Isso distraía nossa mente consciente, deixando a mente inconsciente livre para absorver a história. Uma história sempre tem um começo, um meio e um fim, e uma boa história sempre é cuidadosamente construída para que cada parte seja igualmente importante; se nos concentrarmos em encontrar erros ou contradições numa das partes, certamente deixaremos de perceber alguns dos elementos do restante.

Quando meus alunos estão aprendendo a treinar a pronúncia em outro idioma, eles ouvem frases curtas e depois as repetem. Enquanto estão ouvindo, eles fazem outras coisas, tais como malabarismos ou desenhos — qualquer coisa que sirva para distrair a mente consciente. Eles repetem o que ouviram e não o que acham que deveriam ter ouvido. O resultado é que sua pronúncia é excelente, porque a mente consciente está ocupada demais para lembrar-lhes que acabarão errando tudo.

Tente ouvir a mesma obra musical de diferentes maneiras:

- com a cabeça, analisando;
- com o coração, sentindo as emoções provocadas pela música;
- com o estômago, sentindo o ritmo e as vibrações.

Quais são as diferenças que você percebe no seu íntimo quando faz isso? Quais as imagens que vê diante do seu olho mental? Que sons você ouve no seu ouvido mental? Quais são as diferentes sensações que você registra e onde é que você as registra? O que acontece quando você ouve a música deixando que seus olhos se movimentem acompanhando as notas? Como é que eles se movimentam ao sabor da música? Esse tipo de movimento, desde que você permita que seus olhos façam isso, irá lhe mostrar como você registra os diferentes sons e ritmos em seu cérebro.

Fique durante algum tempo com os olhos fechados, limitando-se a usufruir a sensação agradável de ouvir os sons à sua volta, bem como sua própria respiração e os batimentos cardíacos.

As palavras significam coisas diferentes para as pessoas. Para termos a certeza de que compreendemos a mensagem, é muito útil dizer ao interlocutor o que achamos que ele acabou de nos dizer. Josephine estava me contando sobre seu trabalho e como sua empresa fornece recursos para ajudar pequenos empreendimentos. Jim se juntou a nós e eu lhe expliquei o que acabara de saber por Josephine. Ela ficou horrorizada quando eu disse a Jim que a empresa dela fornecia dinheiro para ajudar pequenos empreendimentos. Para mim, "recursos" significava "dinheiro"; foi assim que arquivei o que ouvira e nem ao menos percebi que trocara as palavras. Josephine nem pensava na possibilidade de sua empresa fornecer dinheiro; para ela, a palavra "recursos" significava uma ajuda prática. Essa foi uma lição muito valiosa. Atualmente, quando não tenho certeza do que alguém pretende dizer com uma determinada palavra ou frase, eu pergunto.

> Experimente devolver às pessoas o que você acha que elas acabaram de dizer. As pessoas adoram falar, principalmente a respeito de um dos seus temas prediletos. Para elas, é um prazer enorme encontrar alguém que realmente ouça o que têm para dizer. E também pode ser de grande ajuda para as pessoas compreender como o que dizem é recebido quando estão discutindo algo que lhes seja importante; elas podem descobrir se estão transmitindo suas mensagens de um maneira tão eficiente quanto gostariam.

À medida que faz isso, você irá aos poucos se conscientizar de como está fazendo isso, de como você está se lembrando de tudo o que foi dito. Você está apenas lembrando as palavras e repassando mentalmente uma fita gravada? Você está transformando as palavras em imagens e depois reagindo em função dessas imagens? Você está comparando as palavras com suas sensações e sentimentos? Ou será que você está fazendo algo completamente diferente? Alternativamente, você está fazendo muitas coisas diferentes? Em caso positivo, quais são as que funcionam melhor? E como é que você está fazendo o que faz?

A experiência seguinte foi elaborada por Judith DeLozier e é muito divertida. Você precisará da participação de mais duas pessoas.

> C fica sentado de olhos fechados, limitando-se a ouvir. As duas outras pessoas irão fazer o mesmo som: podem ser palmas ou um estalo de dedos, o que quiserem. Vamos imaginar que tenham optado pelas palmas. A bate palmas uma vez e diz: "A"; B bate palmas uma vez e diz "B". A e B ficam repetindo isso até que C possa reconhecer a diferença entre os sons. Quando C estiver suficiente-

mente seguro de que é capaz de reconhecer a diferença, os outros dois param de anunciar quem está batendo palmas e deixam C adivinhar.

O truque é que A e B reforcem cada resposta correta dizendo "sim". Se C cometer um erro, a pessoa que não foi identificada simplesmente repete o som, dizendo seu nome, de forma que C possa voltar a sincronizar sua memória, sem ouvir palavras de cunho negativo, como "não" ou "errado".

Também nesse caso, quando tiver descoberto que é capaz de fazer isso, você pode perguntar a si mesmo como o fez. Como foi que você produziu memórias referentes a dois sons diferentes? Como foi que comparou e contrastou o som que acabou de ouvir com essas suas memórias auditivas? Como foi que você decidiu qual som era proveniente de quem?

Todas essas experiências têm como finalidade ajudá-lo a descobrir que estratégia funciona melhor no seu caso: o que é que *você* faz para adivinhar corretamente? Qual é a principal diferença entre uma estratégia que funciona e outra que não funciona? É sempre muito divertido descobrir as estratégias usadas pelos outros e experimentá-las pessoalmente. Procure inventar mais brincadeiras desse tipo para você, seus amigos e familiares, e melhore assim suas capacidades auditivas.

Agora que você está começando a se tornar mais consciente das capacidades extraordinárias que você tem usado inconscientemente o tempo todo, é possível que você se pergunte que outros recursos surpreendentes estão à sua disposição. Continuando com a leitura deste livro, você encontrará mais experiências para melhorar sua capacidade auditiva ao mesmo tempo que se conscientizará mais de sua capacidade cinestésica: a maneira como você usa seu corpo para captar mensagens enviadas pelo mundo que o cerca.

Você pode agora se recompensar com alguns momentos prazerosos.

Coloque um disco com uma música bonita e suave no aparelho de som, de preferência música barroca ou obras de Mozart. Tire o telefone do gancho e instale-se em algum lugar agradável e confortável, sabendo que poderá endireitar o corpo e mudar para uma posição mais favorável se for necessário. Feche os olhos e deixe que a música o transporte para onde você gostaria de ir.

É possível que sua mente consciente considere o relaxamento como algo entediante e monótono, de modo que você deixa que ela se ocupe de alguma coisa completamente diferente, sabendo que poderá voltar e se juntar a você sempre que isso for necessário. Você talvez goste de permitir que esses pensamentos conscientes saiam flutuando como balões de ar, cujos barbantes você continua mantendo amarrados ao dedão do pé esquerdo, ou então você queira embrulhá-los numa sacola de veludo e depositá-la num lugar seguro durante algum tempo. Eu não sei dizer o que sua mente consciente irá preferir; sei apenas que você e sua mente consciente terão as respostas certas a essas perguntas.

Você pode optar por ir às montanhas; pode preferir as praias; pode partir para um de seus passeios prediletos; você também pode resolver inventar algo de especial para si mesmo. Eu não sei para onde você resolverá ir nem o que irá querer fazer, porque esse é um momento especial para *você* passar da maneira que quiser, no seu local predileto, fazendo as coisas de que mais gosta.

E eu me pergunto o que você verá no seu local predileto; que formatos, formas, cores, contornos, perspectivas, movimentos, luzes, sombras, diferentes tonalidades de diferentes cores, grandes desenhos, detalhes minúsculos, equilíbrio, simetria, harmonia, reflexos. Eu não sei o que você irá ver.

E eu me pergunto o que você irá ouvir no seu local predileto; sons próximos, sons distantes, sons agudos, sons graves, sons demorados, sons curtos, sons que fazem parte do seu local predileto, sons esperados, sons inesperados, sons harmoniosos, sons dissonantes, sons cálidos, sons frios. Eu não tenho a mínima idéia do que você irá ouvir.

E eu me pergunto se a audição de sons novos irá lhe mostrar novas perspectivas, e se essas novas perspectivas lhe indicarão o caminho para novos sons, e se você ficará surpreso e se interessará por tudo o que existe para ser visto e ouvido enquanto passeia pelo seu local predileto, voltando a cabeça para um lado ou para o outro, procurando absorver tudo o que lhe é velho e familiar e também tudo o que é novo e interessante.

Eu me pergunto também se existe alguma coisa que você gostaria de modificar no seu local predileto para torná-lo ainda mais especial e na medida certa para suas necessidades; se há panoramas e sons que você gostaria de acrescentar, eliminar ou alterar de alguma forma.

Sei que você tem consciência de que é capaz de fazer qualquer coisa que quiser diante do seu olho mental e qualquer coisa que quiser diante do seu ouvido mental.

E eu me pergunto quando você começará a se conscientizar de sensações, sabores e cheiros, à medida que for sentindo prazer no seu local predileto, durante o tempo que desejar, sabendo que, quando resolver voltar para o aqui e agora, você se sentirá aliviado e relaxado, surpreso e satisfeito com tudo o que vivenciou e criou.

Meus alunos executam variações desse exercício no início de cada dia, por puro prazer, e também para relaxarem e aguçarem seus cinco sentidos.

COMO APRENDER SENTINDO

Confie no seu corpo

A melhor maneira de aprender por meio do corpo é permanecer nele de forma consciente. Alguns de nós permanecem nele durante a maior parte do tempo, ao passo que outros parecem esquecer que têm um corpo, passando a habitar inteiramente a mente. Ignoramos a dor, o mal-estar e a tensão, fazendo de conta que não existem, tomando um comprimido; não temos o hábito de parar e de nos perguntar o significado disso tudo. O simples fato de se conscientizar da tensão e de reconhecer sua existência possibilita ao corpo sensações mais agradáveis.

Em seu livro *The Inner Game of Tennis*, Timothy Gallwey nos conta que o tênis na Inglaterra sempre atinge seus níveis mais elevados depois do campeonato de Wimbledon; os tenistas provavelmente passaram horas assistindo às partidas dos melhores jogadores pela televisão e seus corpos adquiriram muitas informações novas. Quando alguém diz a Gallwey que não consegue fazer determinada coisa, ele lhe pede que mostre como um especialista resolveria o problema. Em *The Inner Game of Skiing*, ele nos conta como pediu a uma mulher que demonstrasse como um esquiador famoso enfrentaria uma encosta difícil que ela mesma não queria enfrentar; ela começou a deslizar, chegou em triunfo ao pé da encosta e disse: "É exatamente assim que ele faria mas, evidentemente, eu jamais conseguiria fazê-lo."

Nosso corpo sabe o que está fazendo; afinal de contas, ele cuida de nós 24 horas por dia, apesar de não ter muita gratidão em troca deste serviço. Tente dizer "olá" e "obrigado" ao seu corpo numa entonação que revele simpatia e gratidão como se realmente estivesse sendo sincero — faça isso *agora* — e constate quão satisfeito e surpreso ele ficará.

O exercício seguinte foi elaborado por John Whitmore. Você precisará da ajuda de mais uma pessoa.

> Estenda o braço lateralmente, formando um ângulo reto com o restante do corpo (exatamente como fez no caso do exercício com a música) e peça ao seu companheiro que pressione o seu braço gentilmente para baixo, enquanto você procura resistir. Conscientize-se dos músculos que está usando para opor essa resistência.
>
> Agora, imagine que seu braço é de aço, de carvalho ou de qualquer outro material resistente, e que ele está se projetando em direção à parede mais próxima, penetrando nela. É possível que você necessite de alguns segundos para chegar a esse estado. Quando estiver pronto, seu companheiro pode voltar a tentar abaixar seu braço. Dessa vez, você não apresentará nenhuma resistência; você apenas se limitará a conservar a imagem que escolheu para o seu braço. Você irá constatar que está muito mais forte dessa vez.

Como diz John Whitmore, "Por que usar os músculos das costas, da nuca e do maxilar apenas para manter o braço esticado? Que desperdício de energia!"

Já vimos como a decisão de assumir a fisiologia de outra pessoa pode modificar o nosso modelo de realidade. Um aluno meu estava enfrentando dificuldades com seu chefe, e sugeri que ele "se transformasse" no seu chefe para descobrir o que ocorria no interior dele. Ele conseguiu fazê-lo durante uma fração de segundo — foi uma experiência tão horrível que não quis permanecer lá. Ele recobrou a consciência e percebeu os motivos pelos quais seu chefe era tão pavoroso — uma fisiologia deste tipo fez com que ele se sentisse extremamente mal.

Tente agora outra experiência.

> Pense em algo que realmente o deixa deprimido e, depois, caminhe de um lado para o outro de forma decidida, a cabeça erguida, olhando para o teto, para o telhado das casas, a copa das árvores, para qualquer coisa que seja mais alta do que você. Tente conservar no seu íntimo todos esses pensamentos deprimentes enquanto estiver caminhando. Você irá perceber que não consegue. As sensações são arquivadas *embaixo*, provavelmente na direção da mão com a qual escreve, e quando seus olhos estão voltados para cima, você é incapaz de ter sensações e sentimentos ruins.

Caso você tenha um amigo deprimido, experimente um remédio garantido: leve-o para empinar pipas.

Esta é uma experiência criada por Joseph O'Connor.

1. Jogue uma bola no ar — mas não a uma altura excessiva — e volte a pegá-la. Adote um ritmo apropriado de lançar e pegar a bola, e depois tente fechar os olhos quando a bola atingir sua altura máxima; você irá constatar que seu corpo sabe como pegá-la apesar de não a estar vendo.
2. Jogue a bola num movimento em arco de uma mão para a outra (a parte superior do arco acima de sua cabeça). Novamente, adote um ritmo apropriado e depois feche os olhos quando a bola atingir o ponto superior do arco. Mais uma vez, você irá descobrir que não é necessário ver a bola para conseguir pegá-la.

Como foi que você conseguiu pegar a bola de olhos fechados? O que foi que você fez? Onde você concentrou sua atenção? O que você sentiu e onde sentiu isso? Ter consciência do que você fez e de como o fez significa que você e seu corpo estão começando a se conhecer melhor.

Como dançarina, Judith DeLozier é uma fonte inesgotável de idéias para conseguirmos informações do nosso corpo e para o nosso corpo. A seguir, cito mais uma de suas experiências.

> Providencie uma vara — uma bengala também serve — coloque uma venda nos olhos e com um amigo funcionando como Anjo da Guarda, saia de casa e explore os ambientes sem usar os olhos, sabendo que seu Anjo da Guarda está presente para impedir que lhe aconteça alguma coisa ruim.

Fiz isso com minha amiga Tere, e ela, sendo uma garota tipicamente urbana, ficou sempre perto dos prédios, ao passo que eu, na minha vez, preferi me deslocar pelo campo. Cada uma de nós optou por territórios nos quais nos sentimos mais à vontade, e cada uma achou que a outra devia ser louca andando de olhos vendados por terrenos tão perigosos.

> Ainda de olhos vendados, tente seguir os sons.

Eu me lembro que saí dançando atrás de Loren numa tremenda velocidade, subindo e descendo colinas, entrando e saindo de bosques, cantando "*Ninety-nine bottles of beer on the wall*" — e a única coisa que sofreu foi a minha capacidade de contar de trás para a frente a partir do número 99.

> Ainda de olhos vendados, tente dançar com um parceiro, tocando nele apenas com as pontas dos dedos encostadas nas pontas dos dedos dele; isto nos proporciona uma maravilhosa consciência de espaço e de movimento.

Vejamos agora a versão cinestésica das experiências visuais e auditivas que foram feitas antes com A, B e C.

C está de olhos vendados. A e B tocam num mesmo lugar do corpo de C, dizendo sempre quem são, até que C seja capaz de reconhecer a diferença no toque.

Há inúmeras variações: A e B podem passar suas mãos diante do rosto de C, mas sem tocá-lo, ou podem se sentar ao lado de C. Que outras idéias nesse sentido lhe ocorrem?

A experiência seguinte é uma proposta de John Grinder.

De olhos vendados, jogue suas chaves, ou qualquer outro objeto que você costuma levar sempre consigo, a uma certa distância. Alguém faz com que você rodopie. Depois, vá e procure o objeto lançado.

Todas essas experiências representam ampliações das perguntas formuladas por Gregory Bateson a respeito dos limites do eu dentro de um sistema: onde termina o eu e onde começa alguma outra coisa? Será que uma pessoa cega "termina" na ponta dos seus dedos? Ou na extremidade da bengala? Ou será no meio da bengala?

Como foi que você fez todas essas coisas? Como é que você soube que havia um obstáculo no seu caminho sem tocá-lo? Será que você estava emitindo ondas e som, e captando-as de volta como o radar de um morcego? Você sentiu o ar ficando mais espesso ao se aproximar do obstáculo? Como você sabia para que lado devia se virar? Como é que você sabia que não haveria problemas ou perigos em dar um passo, mesmo não dispondo de uma bengala que pudesse guiá-lo? O que você estava fazendo no seu íntimo para saber todas essas coisas? Para onde a sua atenção estava voltada?

Experimente fazer um pouco de Tai Chi.

Fique frente a frente com um parceiro, de tal modo que a palma das mãos de um e outro quase se encostem; as mãos não chegam a se tocar — elas apenas estão suficientemente próximas para que vocês possam sentir a energia e o calor um do outro. A pessoa A começa a movimentar suas mãos (muito lentamente a princípio) e a pessoa B acompanha o movimento. Depois de algum tempo, inverta as posições para que B passe a liderar o movimento e A o acompanhe. Depois, nenhum dos dois lidera, e vocês constatarão que a dança continua porque ambos sabem o que deve ser feito. Você pode aumentar os movimentos sempre que quiser, incluindo coisas como passos bem devagar para a frente ou para trás, ou aumentar a velocidade à medida que a consciência for ficando mais aguçada.

Eu me lembro de ter feito isso ao longo do galho de uma árvore com uma colega, enquanto discutíamos um exercício que precisávamos criar. Repetindo: quais são os limites do eu?

Como fazer experiências com outros modelos

Como é que você respira? Qual é a parte do seu corpo que mais se movimenta quando você inspira? É o estômago? A caixa torácica? A parte superior do peito? Em algumas situações, as pessoas respiram de formas diferentes. Quando estão no modo visual, todas as coisas parecem ter uma direção ascendente e a respiração estará localizada na parte superior do peito, e a voz poderá se tornar mais aguda; talvez a pessoa esteja tentando se aproximar mais das imagens que estão lá em cima no seu campo visual. No modo auditivo, a caixa torácica estará se expandindo e se contraindo, aproximando-se e afastando-se dos sons. No modo cinestésico, a respiração estará localizada no estômago, abaixando o centro de gravidade e colocando a pessoa em contato com seus sentimentos e sensações; as pessoas cinestésicas têm um ritmo lento e calmo, sempre dando a si mesmas bastante tempo para verificar as informações com seu corpo. Colin e eu nos levamos mutuamente à loucura quando discutimos negócios: eu preciso acompanhar o rápido ritmo das minhas imagens, ao passo que ele precisa verificar todos os detalhes com o estômago.

Richard, que é um detetive, nos ensinou a observar dos pés das pessoas enquanto elas caminham. Se os pés estão voltados diretamente para a frente, elas estão em modo visual; quando um dos pés se volta para um lado, elas estão ouvindo nesta direção; se os dois pés estão ligeiramente voltados para fora, elas estão num modo auditivo; e se os pés estão muito voltados para fora, elas estão num modo cinestésico.

- O que aconteceria se você modificasse por algum tempo sua respiração, com a finalidade de experimentar um modelo diferente de mundo, só para ver o que ele tem para lhe oferecer? Que outras informações você conseguiria captar? E, caso isso acontecesse, que informações você perderia?
- O que aconteceria se você modificasse sua forma de andar, mudando a direção para a qual seus pés se voltam? Se você geralmente é uma pessoa visual, tente andar como uma bailarina, com os pés voltados para fora, realmente em contato com o solo. A atriz Beryl Reid costuma dizer que quando acerta os pés, o restante da personagem é fácil de criar.

Essas mudanças podem parecer estranhas e você até pode decidir que não gosta delas. Nesse caso, você poderá se perguntar o que é que lhe desagrada nelas. Será realmente algo desagradável ou apenas alguma coisa desconhecida? Nós temos a tendência de não nos envolvermos em experiências desconhecidas porque elas são estranhas, sem pararmos para perguntar se elas podem ou não conter alguma informação útil para nós, ou se essa sensação estranha pode ser algo que valha a pena testar. Durante um seminário com John Grinder, enquanto estávamos copiando o modelo do curador Finnbar Nolan, repentinamente constatei que estava adotando uma respiração que me possibilitava inspirar uma grande quantidade de ar. A partir daquele instante, minha respiração deixou de lado o modo rápido, visual e superior (que provavelmente não estava me fornecendo oxigênio suficiente) e adotou uma expansão mais lenta e mais profunda do estômago e da caixa torácica; isso foi o bastante para que eu descobrisse novos mundos a partir da consciência. Thérèse Berthérat descreve exatamente a mesma experiência em *The Body Has Its Reasons*, um livro maravilhoso a respeito do que ela chama de "anti-exercícios e autoconsciência".

Titos nos ensinou dança africana. Judy foi criada no convívio com a dança ocidental, em que aprendeu a contar os passos enquanto dançava. Certo dia, ela perguntou a Titos até quanto deveria contar para saber quando deveria passar de uma parte da dança para a outra. Ele a encarou como se ela fosse uma criança tola e respondeu: "Mas os tambores lhe dizem isso." Esses dois dançarinos usam uma combinação de sons e ritmos para saber qual é o momento certo, e, no entanto, cada um deles tem um modelo diferente do mundo.

Memória cinestésica

Nossos músculos têm memória. Eles conhecem a sensação de se pedalar uma bicicleta, de correr atrás de um ônibus, de mergulhar numa piscina. Eles também sabem como soletrar uma palavra. Estamos usando a memória cinestésica o tempo todo. Sempre que deixamos nossos pensamentos, referentes a alguém ou a alguma coisa, nos fazer sentir mal e sempre que estamos trazendo à tona as lembranças agradáveis, nosso corpo está reagindo a tudo o que essas lembranças evocam.

> Pense numa discussão que você teve recentemente com alguém, e preste atenção ao que acontece no interior do seu corpo.
>
> Em seguida, livre-se dessas sensações porque você já não precisa mais delas. Pense agora na última vez em que realmente sentiu um grande prazer. Mergulhe nessa cena e reviva-a, apreciando todas as sensações que estão sendo experimentadas pelo seu corpo à medida que relembra tudo isso.

Depois, você poderá se perguntar como fez essas duas coisas. Você viu uma imagem primeiro, e foi essa imagem que trouxe as sensações consigo? Você ouviu sons primeiro? Como é que você chama a sua memória cinestésica? O que você fez para encontrar essas lembranças? Assim que souber as respostas, sua memória cinestésica estará disponível sempre que precisar dela.

Quando clientes me procuram com alguma fratura óssea, exercitamos sua imaginação; a perna pode estar engessada, mas, na imaginação, ela está correndo, saltando, caminhando — fazendo tudo o que a pessoa deseja. Todos os micromúsculos estão em atividade, e quando o gesso é retirado, o osso se soldou e a atrofia muscular é quase inexistente.

APRENDER PELO SABOR E PELO CHEIRO

...o cheiro e o sabor das coisas continuam por muito tempo, como almas, prontas a nos lembrar, aguardando e esperando pelo seu momento... contendo na minúscula e quase impalpável gota de sua essência a vasta estrutura das lembranças.

Marcel Proust, *À la recherche du temps perdu*

Quando meu filho Hugo ainda era muito pequeno, ele causou uma enorme confusão durante a visita a um aviário quando encheu a boca com um punhado de larvas. Fui alertada quanto ao que estava acontecendo em virtude dos gritos horrorizados de outros visitantes, e o pobre Hugo foi arrastado para longe antes que os participantes mais frágeis do grupo desmaiassem. Ele ficou furioso — aparentemente, os vermes eram deliciosos.

Já refletimos sobre bebês que colocam tudo na boca: os lábios e a boca são tão sensíveis que é possível obter-se uma grande quantidade de informações através dessa forma de pesquisa. Como nos proibiram, por motivos de higiene e de segurança, o uso desse excelente canal de aprendizado já na primeira infância, a única coisa que nos resta é o sabor e seus efeitos. Os cheiros também podem estar enterrados a grande profundidade no subconsciente; mas, tal como ocorre com os sabores, eles existem mesmo assim e trabalham muito para nós. Tente fazer a seguinte experiência:

Imagine que está segurando um limão. Examine com atenção: o tamanho, o formato, o colorido, a maneira como ele está pousado sobre sua mão. Role-o entre as mãos para sentir melhor seu formato e a textura da casca. Role-o de encontro à sua face. Cheire-o. Agora imagine que o está cortando ao meio; observe como a faca atravessa-lhe a polpa; procure ouvir o som da faca cortando a fruta e saindo do outro lado; visualize o sumo escorrendo; sinta o cheiro desse sumo fresco; agora pegue a outra metade e dê uma dentada nela.

O que acontece com sua boca?

O que acontece com sua boca é um excelente lembrete do que está acontecendo no seu interior. Existe um extraordinário cirurgião espanhol que realiza grandes operações sem usar anestésicos. (Uma imagem que eu jamais esquecerei é a de uma de suas pacientes batendo papo, muito tranqüila, enquanto ele operava-lhe a perna.) Uma das coisas nas quais esse cirurgião insiste é que seus pacientes mantenham um elevado nível de saliva na boca. Quando tive de "enfrentar" um brinquedo particularmente assustador num parque de diversões, enchi a boca de saliva e consegui passar pela experiência com prazer. Experimente fazer isso na próxima ocasião em que houver algum desafio à sua coragem — e veja o que acontece.

Os cozinheiros usam constantemente o sentido do paladar e do olfato. O olfato é indispensável quando se está procurando comprar ingredientes frescos e saborosos. Ele também é útil no sentido de nos avisar quando um bolo está pronto, quando é preciso abaixar o fogo do forno onde se está preparando um assado, quando um molho está pronto ou — como ocorre com grande freqüência no meu caso — quando alguma coisa está queimando. Meu filho Mark tinha dois anos e meio quando o cheiro de gordura muito quente me despertou e fez com que eu descesse as escadas em questão de segundos: "Veja, mamãe! Estou fazendo o café da manhã! Um para você, outro para mim, outro para o papai e mais um para o bebê!" Dentro da frigideira, sobre o fogo alto, quatro ovos estavam ficando com as bordas cada vez mais negras. (Mark não foi impedido em sua criatividade pela altura dos botões do fogão: ele simplesmente trepou numa cadeira para conseguir alcançá-los.)

Lembro-me de um seminário no qual comentei casualmente: "Quando eu mandar no mundo, culinária e química serão ensinadas num mesmo curso." Houve uma explosão no fundo da sala: "Nunca ouvi uma afirmação tão ridícula em toda a minha vida. Eu estava gostando de sua palestra... mas você não precisava fazer uma observação tão tola quanto essa. Eu sou químico e posso garantir que a química nada tem que ver com culinária." Pedi desculpas, dizendo que era apenas uma cozinheira e que, para mim, cozinhar tinha tudo que ver com química. O que eu fizera (sem nenhuma intenção consciente da minha parte) foi equiparar meu comportamento na cozinha com a identidade dele como químico profissional. O resultado: uma rejeição instantânea.

A Programação Neurolingüística (PNL) pressupõe que o significado da comunicação é a resposta que se obtém; nesse caso minha comunicação não funcionou.

Os sabores e os cheiros têm a propriedade de nos transportarem de volta à infância, pouco importando se isso ocorre de forma consciente ou não. Essa volta pode ser a um estado aberto, curioso, de aprendizado, ou um estado no qual nos sentimos vulneráveis e pequenos, com uma necessidade urgente de nos protegermos, fechando todos os nossos canais de aprendizado.

Prestando atenção, podemos constatar que as pessoas se valem inconscientemente do paladar e do olfato em seus cálculos e ponderações. Estas expressões têm origem na percepção básica:

- Isso não me cheira bem.
- Estou sentindo cheiro de coisa podre.
- Isso me deixa um gosto desagradável na boca.
- Isso cheira mal.
- Fico com ânsia de vômito.

"Flair", que em inglês significa tanto "talento" como "discernimento", vem da palavra francesa que significa "olfato", mas também "intuição"; e os franceses têm o costume de tocar o próprio nariz quando usam esta expressão, tal como nós podemos fazer quando estamos tendo suspeitas ou desconfianças em relação a alguém. E o que dizer da expressão "bom gosto"?

O paladar e o olfato sempre estão à nossa disposição como uma forma de memória. Como você constatou no caso da experiência com o limão, é possível ser afetado por coisas que não estão presentes. Por isso, divirta-se! Cheire tudo o que quiser cheirar e prove tudo o que quiser provar na sua imaginação.

A REUNIÃO DE TUDO

Apesar de eu ter dividido nosso equipamento de aprendizado em função de nossos cinco sentidos, esses sentidos, obviamente, estão todos entrelaçados, às vezes até de forma inesperada. Por exemplo, eu sempre fico muito surpresa e satisfeita quando percebo que sou capaz de sentir o cheiro de coisas que vejo na televisão; curiosa quando pessoas me dizem que estavam ouvindo aplausos numa determinada língua, e fascinada quando alguém me pergunta: "Você quer ver o barulho?" Nos meus tempos de escola secundária, o ideal era transferir nossa personalidade do corpo para a cabeça. Se não fôssemos extremamente auditivos, teríamos poucas oportunidades de sobreviver ao esquema adotado. Atualmente, dá-se uma ênfase muito maior aos aspectos visuais, e isso ajuda as pessoas visuais e cinestésicas.

As pessoas que pensam auditivamente gostam de estar com a razão. É possível que esqueçamos nossa capacidade visual e que passemos a enxergar as coisas apenas em branco e preto; e como sabemos lidar apenas com palavras, é apenas com palavras que lidamos — podendo dar pouca atenção às diferentes interpretações dessas palavras ou do que observamos nas pessoas que estão falando.

Até o momento em que paramos para pensar no assunto, é possível que não tenhamos consciência do nosso diálogo interior. Mas ele está sempre presente, aconselhando-nos a ter mais cuidado, avisando-nos de que poderemos fazer papel de idiota, de que não temos capacidade e de todas as outras coisas que nos são ditas com a finalidade de evitar a criação de novos problemas (a voz pode ser nossa ou de outra pessoa — talvez a do pai ou da mãe, que também têm interesses na nossa proteção).

Um detalhe interessante a respeito do diálogo interior é o fato de ele sempre ser mais intenso quando estamos usando a visão da fóvea, ou seja, quando nossa visão está concentrada. Sempre que relaxamos a visão e adotamos a visão periférica, onde podemos ver quase a totalidade dos 180 graus na nossa frente, em vez de nos concentrarmos num determinado ponto, o diálogo interior cessa.

> Se você se concentrar numa palavra no meio do parágrafo anterior, você focalizará de modo mais nítido essa palavra, ao passo que as palavras que aparecem nas bordas sairão mais ou menos do seu consciente como palavras individuais. Você também poderá perceber o diálogo interior sobre a possibilidade de estar fazendo isso da maneira correta, o que você é capaz de enxergar e se aquilo que

eu disse é ou não verdade. Por outro lado, se relaxar a visão, você perderá a clareza da palavra que resolveu focalizar, mas os formatos das outras palavras contidas no parágrafo virão à sua consciência.

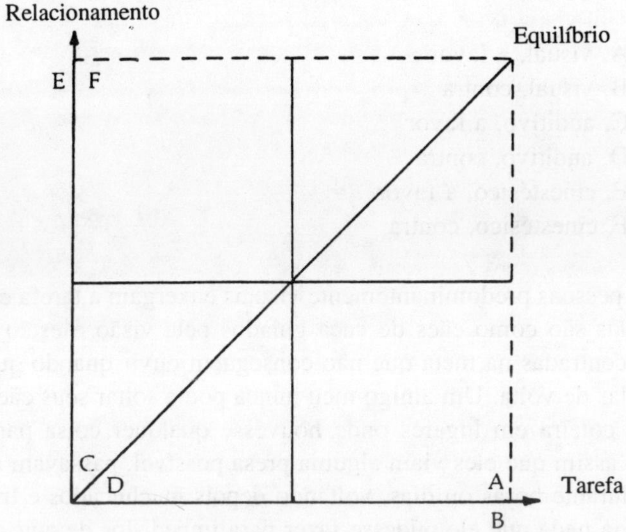

Quem faz o quê nas reuniões?

Outra maneira de comparar a visão periférica com a da fóvea é imaginar que você está dirigindo um carro. A visão da fóvea não seria útil porque, se você estivesse se concentrando exclusivamente num ponto à sua frente, você não teria consciência de quaisquer perigos que pudessem surgir dos lados ou no espelho retrovisor. Precisamos da visão periférica para ampliar nossa conscientização. Talvez a exclamação "Abra os olhos!" seja uma ordem inconsciente para substituirmos a visão da fóvea pela periférica, com a finalidade de ampliar o campo visual e, conseqüentemente, nossa conscientização de eventuais perigos.

John McWhirter, um treinador de Programação Neurolingüística (PNL), apresentou uma teoria fascinante a respeito do que acontece em reuniões, dependendo de quem participa. Imagine um comitê discutindo um projeto qualquer. Como ele nada tem que ver com comida, com aromaterapia e assim por diante, podemos usar apenas três sistemas principais para descrever quem está na reunião:

- A, visual, a favor
- B, visual, contra
- C, auditivo, a favor
- D, auditivo, contra
- E, cinestésico, a favor
- F, cinestésico, contra

As pessoas predominantemente visuais enxergam a tarefa e a abordam. Elas são como cães de caça guiados pela visão e estão sempre tão concentradas na meta que não conseguem ouvir quando queremos chamá-las de volta. Um amigo meu nunca podia soltar seus cães *whippets* da coleira em lugares onde houvesse qualquer coisa para caçar porque, assim que eles viam alguma presa possível, passavam a persegui-la durante horas ou dias, voltando depois machucados e trôpegos; não havia nada que ele pudesse fazer para impedi-los de agir assim, e as cercas de arame farpado eram inúteis.

As pessoas predominantemente auditivas se atêm, como seria de se esperar, às palavras: elas se comportam exatamente como está previsto nas regras. Elas se concentram tanto em fazer tudo certo que se esquecem do relacionamento com as demais pessoas envolvidas e a importância da tarefa acaba ficando em segundo plano, abaixo da preocupação com a exatidão dos detalhes.

As pessoas cinestésicas têm uma grande necessidade de se sentirem à vontade, de maneira que irão se concentrar no relacionamento com as demais pessoas, em detrimento da tarefa; ao contrário das visuais, que preferem se concentrar na tarefa e não no relacionamento, e das auditivas, que se atêm aos detalhes e não chegam a resultado algum.

No primeiro diagrama da página 111, vemos que A e B partiram em direção às respectivas tarefas: A é a favor e B é contra. Na sua atividade, essas pessoas ignoram tudo e todos; elas se afastam o mais possível do "Relacionamento" e provavelmente estão a ponto de desembainharem suas espadas. E e F estão ocupados com a questão do relacionamento. Elas concordam em discordar e estão o mais distante possível da tarefa. Elas estão provavelmente tomando uma xícara de chá e perturbando o restante da reunião com seus papos e risos. C e D estão ocupadas com os detalhes. A tarefa está longe de ser abordada e a questão do relacionamento provavelmente nem lhes ocorreu como podendo ser relevante. Elas estão discutindo a respeito do como, do que acontecerá se o outro lado impuser sua opinião, a possibilidade de tal ou tal coisa poder ser afetada de forma adversa.

Como equilibrar as tarefas e os relacionamentos nas reuniões

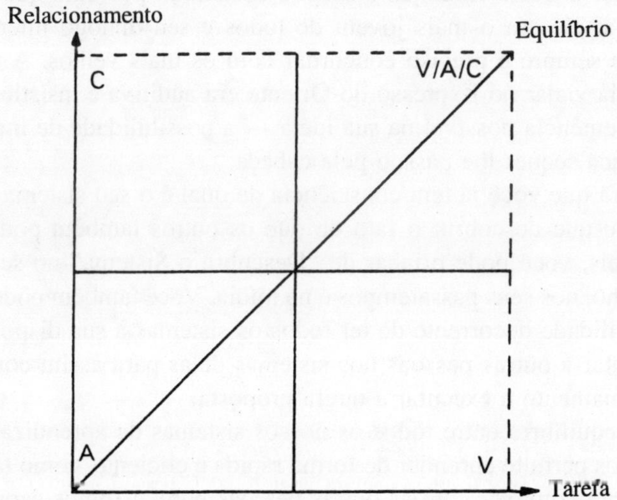

O resultado ideal de qualquer reunião é alcançar a meta e preservar o relacionamento. Para que isso aconteça, precisamos de um equilíbrio entre os três sistemas: pessoas que sejam capazes de enxergar a tarefa, de ouvir as palavras e de se conscientizar dos sentimentos dos demais. É fácil trabalhar com pessoas que disponham desse equilíbrio; as coisas acabam sendo feitas com um mínimo de confusão.

Pouco antes de descobrir essa teoria, dei um seminário cujo tema era a negociação. Voltei a apresentá-lo às mesmas pessoas uma semana depois, incluindo a interessante teoria que John havia elaborado. Os participantes refletiram um pouco sobre o assunto e concluíram: "Foi exatamente assim que nós nos comportamos na semana passada!" E eles estavam certos. A premissa básica era o fato de todos terem ganho férias gratuitas e a única dificuldade estava no fato de todos terem de viajar juntos. Dos cinco participantes, dois queriam participar de um safári fotográfico no Quênia — e acabaram optando por uma viagem de trem no Expresso do Oriente. Imagine a situação: duas pessoas apaixonadas por espaços amplos e ar livre concordando em ficar durante dias ou semanas confinadas num trem. Um dos que queriam o safári era cinestésico, de modo que não tinha condições de perturbar ou irritar os demais. O outro finalmente acabou desistindo por uma questão de hierarquia: ele era o mais jovem de todos e seu diálogo interior lhe dizia que sempre é preciso concordar com os mais velhos. A mulher que queria viajar no Expresso do Oriente era auditiva e insistiu com a maior veemência possível na sua idéia — a possibilidade de mudar de idéia nunca sequer lhe passou pela cabeça.

Agora que você já tem consciência de qual é o seu sistema predominante e que descobriu o fato de que os outros também podem ser muito úteis, você pode brincar de "Descubra o Sistema" no seu local de trabalho, nos seus passatempos e na mídia. Você também pode gozar da flexibilidade decorrente de ter todos os sistemas à sua disposição e de se juntar a outras pessoas nos sistemas delas para assim conservar o relacionamento e executar a tarefa proposta.

Um equilíbrio entre todos os nossos sistemas de aprendizado não apenas nos permite aprender de forma rápida e eficiente, como também nos ajuda a conviver com as outras pessoas porque somos capazes de conhecer os modelos de mundo que elas têm. Esse é o equipamento com o qual nascemos e deveríamos usá-lo para viver da maneira mais divertida e menos complicada possível. Podemos começar não sendo tão rigorosos com nós mesmos.

Você poderia reservar um período de tempo exclusivo para si mesmo e se instalar em algum lugar agradável e confortável, seguro e tranqüilo, com uma placa "Não perturbe" pendurada na porta, e com o telefone fora do gancho; com uma música suave no fundo, onde você possa relaxar e sonhar como se tivesse todo o tempo do mundo à sua disposição. Você poderia até gravar essas palavras numa fita, usando o tom de voz suave e agradável que gostaria de ouvir, e lendo o texto de forma lenta e pausada para agradar à sua mente inconsciente, deixando sempre as pausas corretas para que sua mente possa processar a mensagem, permitindo que as palavras penetrem até os recessos mais profundos no seu corpo. É possível que sua mente consciente considere tudo isso como sendo excessivamente monótono, de maneira que você lhe proporcionará um passeio, sabendo que ela voltará assim que houver necessidade da sua presença.

E quando você estiver realmente confortável, relaxado e seguro, talvez até começando a se conscientizar de sua respiração, você poderá fechar os olhos e começar a se conscientizar dos sons à sua volta, da posição do seu corpo, enquanto gradativamente vai ficando cada vez mais relaxado e começa a sentir esse relaxamento se espalhando pelo corpo, do alto da cabeça à ponta do nariz, às pontas dos dedos e depois às pontas dos pés. E talvez você sinta a necessidade de endireitar o corpo e procurar outra posição em função dessas sensações de conforto e de relaxamento.

À medida que você for ficando cada vez mais consciente do seu cérebro e do seu corpo formando um sistema completo, você poderá querer entrar em contato com diferentes partes do seu corpo. Você pode querer começar a fazer isso com seu dedão do pé esquerdo. Imagino como o dedão do seu pé esquerdo irá reagir a isso. Imagino se ele sentirá mais frio ou mais calor, se haverá de se sentir mais leve ou mais pesado; não sei — o dedão é seu. Imagino que parte do dedão do seu pé esquerdo você escolheu para entrar em contato: talvez seja o dedão inteiro, talvez a extremidade ou a parte do meio; você também pode ter resolvido entrar em contato com uma única célula. Independentemente de qual foi sua escolha, trata-se de um sistema que faz parte de um sistema maior que, por sua vez, faz parte de um outro sistema ainda maior: célula, articulação, dedo, pé, perna e assim por diante; cada sistema funciona sozinho como parte integrante de um sistema maior e todos esses sistemas funcionam para você.

Imagino o que aconteceria se, aos poucos, você fosse entrando em contato com cada parte do seu corpo: todos os dedos, seus pés, a parte inferior de suas pernas, suas coxas — gastando o tempo que quiser em cada contato, de modo a poder se permitir ficar cada vez mais consciente de cada parte do seu corpo, à medida que reconhece cada parte e que cada parte reage a esse reconhecimento do modo que ela quiser. Eu me pergunto sobre aquilo de que você está se conscientizando, à medida que seus pensamentos passam dos quadris para o estômago e para a coluna vertebral. Eu me pergunto se você está mergulhando cada vez mais no relaxamento, ou se está flutuando a alturas cada vez mais elevadas à proporção que vai se libertando de toda a tensão. Eu não sei como é a comunicação entre você e o seu corpo. Eu me pergunto se seu estômago está "roncando" ao se relaxar. Eu me pergunto se você sente ligeiras "fisgadas" quando seus músculos se adaptam a todas essas sensações. Eu me pergunto se sua respiração se torna mais lenta e mais profunda à medida que o relaxamento vai se espalhando ao longo da espinha dorsal, pela caixa torácica, penetrando nos pulmões.

E eu me pergunto se seus ombros e sua nuca estão conscientes de que dentro de mais alguns momentos terão permissão para relaxar e acompanhar o restante do corpo nesse confortável estado, de maneira que possam permitir que essa nova liberdade se espalhe pelos braços e mãos, chegando até às pontas dos seus dedos.

E estou curiosa em saber se você irá ou não se conscientizar, à medida que seus pensamentos forem chegando à cabeça, de como o lado esquerdo e o direito do seu corpo podem se adaptar um em relação ao outro. Esses dois sistemas simétricos, criados para funcionar em conjunto, podem estar se permitindo um reequilíbrio depois de um longo período de separação. Talvez você esteja sentindo certo afrouxamento, certa liberdade naquele ponto onde a nuca se junta à cabeça, aquele canal onde todas as informações fluem nas duas direções, do cérebro para o corpo e do corpo para o cérebro.

Talvez você esteja se conscientizando de uma leveza e de uma clareza, tanto dentro como fora da cabeça, à medida que seus olhos se permitem um relaxamento e que este relaxamento se espalha pela testa e por todo o couro cabeludo; à medida que o mais forte de todos os músculos do seu corpo — o músculo da mandíbula — relaxa, permitindo uma suavização dos contornos de suas bochechas; à medida que vai sentindo a saliva em sua boca e a língua preenchendo o espaço entre os dentes superiores e inferiores.

Talvez, depois de ter usado todo o tempo necessário para apreciar devidamente cada parte do seu corpo, você possa querer fazer outra viagem a um lugar predileto. Pode ser o mesmo lugar que você escolheu da vez anterior ou outro completamente diferente. Eu não sei que lugar você irá escolher; sei apenas que escolherá um lugar que é exatamente certo para você no seu atual estado de relaxamento e de curiosidade. E enquanto estiver nesse seu local predileto, você será capaz de ver todas as coisas com uma quantidade surpreendentemente grande de detalhes; imagino que panorama em especial irá despertar a atenção dos seus olhos. Você constatará que será capaz de ouvir tudo o que escutar com muito interesse e curiosidade; imagino quais serão os sons particulares que irão ressoar com você. E você também será capaz de sentir o que sentir do topo da cabeça à ponta do nariz, às pontas dos dedos e às pontas dos pés; imagino quão interessante e surpreendente será a constatação de estar ligado com a sua própria totalidade. É possível que essas sensações tragam de volta lembranças há muito esquecidas e que criem novas memórias nas quais você possa armazenar tesouros, conforme acrescenta os sabores e os aromas que fazem parte desse local predileto, que está se tornando cada vez mais fascinante para você, enquanto se conscientiza cada vez mais dele por meio de todos os seus sentidos. Tenho curiosidade quanto a todos os aromas que voltarão do passado, que virão do presente e do futuro, e também quanto aos sabores que você estará sentindo ou prestes a sentir nessa visita ao seu local predileto.

Imagino o que aconteceria se você mergulhasse nas suas profundezas interiores, até se conscientizar daquela fagulha, daquela chama, daquela luz, daquele brilho que sempre esteve lá, mas que talvez tenha ficado um pouco embaçado e tênue com o passar do tempo. Eu não sei se você fará *aquilo que é necessário fazer* para que esse brilho volte a se mostrar com todo seu esplendor, de modo que você possa se tornar totalmente consciente de sua presença luminosa no seu interior, e também não sei por quanto tempo você irá querer ficar com esse brilho no seu local predileto, ou quais serão as descobertas que você fará enquanto permanecer lá; também não sei o que você resolverá fazer enquanto estiver lá ou qual será a sua melhor maneira de usufruir a *si mesmo*. A única coisa que sei é que quando você resolver retornar ao aqui e agora, você se sentirá mais alerta, mais vivo, mais relaxado e muito *satisfeito consigo mesmo,* sabendo que poderá repetir essa experiência quantas vezes quiser e sempre que quiser; sei também que, quanto maior a freqüência, melhor você se sentirá.

Esse tipo de indulgência consigo mesmo é a maneira perfeita de você se preparar para um período muito atarefado, para se descontrair depois de um dia difícil, para ficar bem desperto para uma festa ou para adormecer com facilidade — e para quase todas as demais atividades nas quais conseguir pensar. Podemos dar a nós mesmos a licença necessária para curtir isso alegando que, quanto mais tempo gastarmos com a exploração, tanto mais facilidade teremos para aprender.

Uma Pausa para Pensar: Como Ter Certeza?

Na nossa primeira pausa para pensar, eu lhe perguntei o que você queria; dessa vez, a questão é: "Como você saberá que conseguiu?" O que você vai ver, ouvir, sentir, saborear e cheirar? Qual será sua evidência de sucesso em determinadas etapas ao longo do caminho? Se você estava brincando com suas capacidades visuais, quais serão as evidências mostrando que elas estão aumentando? Você pegará a si mesmo percebendo coisas que nunca percebeu antes? Você irá constatar que consegue se lembrar mais facilmente de imagens? Você perceberá que as cores o atingem bem mais do que antes? Você se conscientizará de que sua visão periférica está melhorando?

Quando você quer algo como um novo emprego ou uma promoção, a evidência é simples: você saberá que terá conseguido o que quer porque alguém lhe comunicará isso. Se, por outro lado, sua proposta é a de ter mais confiança em si mesmo, como poderá saber se atingiu ou não este objetivo? Será que outras pessoas passarão a lhe dar mais atenção? Será que os outros parecerão menores diante do seu olho mental? Suas imagens interiores serão maiores ou menores, mais luminosas ou mais claras do que são atualmente? Você se conscientizará de que está falando de maneira mais lenta e mais calma? Você ouvirá uma voz interior lhe dizendo que está tendo um bom desempenho? Haverá um gosto agradável na sua boca ou um aroma positivo em suas narinas? Todas essas são apenas sugestões minhas; a sua evidência de bons resultados pode ser qualquer coisa. Por mais estranha, curiosa ou boba que sua evidência possa parecer (é possível que você se visualize balançando num enorme lustre de cristal, sentindo bolhas de champanhe nas narinas), ela é a sua evidência — e isso é o que importa. É assim que você saberá.

É muito importante ter algum tipo de procedimento de evidências; caso contrário, como saber? Esse método de aprendizado preguiçoso é tão fácil que você pode nem perceber, num nível consciente, o quanto está aprendendo. Certa vez, uma mulher me perguntou algo a respeito dos sentimentos de perseguição que sentia sempre que ouvia o ruído de freios; ela estava convencida de que aquele barulho terrível era dirigido pessoalmente a ela. Eu lhe disse que poderia silenciar todos os freios na região onde ela vivia, mas que isso lhe custaria 10.015,47 libras esterlinas; como alternativa, se achasse que essa soma estaria acima de suas possibilidades, ela mesma poderia fazer isso, eliminando os sons através de uma filtragem seletiva. Sem dúvida nenhuma, achando que eu era uma pessoa insensível e grosseira, ela foi-se embora. No dia seguinte, quando lhe perguntei como estavam os freios, ela não sabia do que eu estava falando: seu cérebro se encarregara de solucionar o problema de modo tão eficiente que ela nem se lembrava de que tinha tido um problema. Isso é muito bom, mas quase todas as pessoas gostam de poder reexaminar com orgulho o caminho percorrido, não poupando elogios a si mesmas pelas grandes distâncias percorridas. Todos nós necessitamos de certa sensação de sucesso, de etapa cumprida para nos impulsionar em direção ao próximo sonho; uma arca de tesouro repleta de coisas que fizemos e que fizemos bem, tesouros nos quais poderemos nos basear no futuro. Você pode querer fazer uma pausa agora para se conscientizar de tudo o que aprendeu desde que começou com a leitura deste livro: tudo o que aprendeu a respeito de si mesmo, tudo o que descobriu a respeito das outras pessoas e tudo o que descobriu desde que levou esses ensinamentos para o mundo e começou a fazer uso deles. Você pode se conscientizar de que aprendeu todas essas coisas sem ter de fazer qualquer tipo de esforço.

E a pergunta seguinte é: como é que você sabe que sabe? Por exemplo, como é que você sabe que quer fazer alguma coisa? Essa informação precisa vir de algum lugar. Você vê alguma imagem brilhante e atraente diante do seu olho mental? Você ouve uma voz dizendo-lhe o que você quer no seu ouvido interior? Você se sente atraído por alguma coisa? Você sente algum sabor especial na boca ou algum cheiro específico nas narinas quando pensa sobre determinada coisa? Ou será que a sua evidência é completamente diferente?

Como é que você sabe que alguém o ama, o aprecia ou gosta de você? Eu trabalhei com um casal que se amava muito, mas cujo casamento estava passando por sérios problemas. Perguntei a ela como sabia que ele a amava. "Por causa do seu modo de olhar, que amolece o coração", respondeu ela, sem hesitar.

A resposta dele à mesma pergunta foi: "Por causa do tom da voz dela." Os dois tinham as melhores das intenções: ela o ficava olhando com aquele olhar de amolecer o coração, que *ela* considerava uma prova de amor, mas a ele nada soava como uma evidência; por sua vez, ele lhe dizia que a amava num tom de voz que, *ele* sabia, era uma evidência irrefutável, mas ela não conseguia ver prova nenhuma.

Todos nós temos diferentes procedimentos com relação a evidências, e é muito útil descobrir o que nossos familiares, amigos e colegas precisam para que possamos fornecer-lhes isso, e também revelar o que nós precisamos para que eles possam nos fornecer essas coisas.

Alguns Truques do Ofício

O GRANDE F

A história afirma que Thomas Edison fez mil tentativas antes de conseguir criar uma lâmpada que funcionasse, e que, quando alguém lhe perguntou se ficara deprimido com os 999 fracassos, ele respondeu com indignação: "Eu não tive 999 fracassos; eu descobri 999 maneiras diferentes de não se construir uma lâmpada." Nas provas escolares, todos sabemos o significado do Grande F [o conceito mais baixo nas escolas norte-americanas], e na Programação Neurolingüística (PNL) acreditamos que o fracasso não existe, que ocorre apenas um *feedback* — ou seja, que sempre existe alguma coisa que pode ser aprendida com qualquer experiência. Também operamos segundo o princípio de que sempre que alguma coisa que fazemos não esteja funcionando, está na hora de tentar algo diferente.

É preciso um esforço enorme para não aprender: para fechar todos os cinco canais de entrada e mantê-los fechados; para procurar freneticamente por ininterruptas atividades que desviem a nossa atenção; para ouvir atentamente nossas vozes interiores que nos dizem que somos burros; para discutir interiormente com tudo o que vemos, ouvimos ou sentimos; para nos enterrarmos de modo cada vez mais profundo na areia movediça do desespero ou em qualquer outro estratagema que resolvamos empregar: tudo isso representa um árduo esforço, mas, mesmo assim, com perseverança, conseguimos *sucesso* no sentido de não aprender.

A pergunta que eu gostaria de formular é a seguinte: você está satisfeito com essa situação, na qual você cria enormes dificuldades para si mesmo, ou preferiria relaxar, deitar e se decidir a aprender alguma coisa? Caso você opte por abandonar o difícil esforço para não aprender, vejamos inicialmente como o *feedback* cria novas opções de atividades. Uma vez tendo descoberto que aquilo que estamos fazendo não funciona, deixamos de ficar presos a quaisquer idéias preconcebidas; podemos agora tentar tudo o que quisermos. Por exemplo, pense no que aconteceria se você inventasse uma nova e divertida maneira de guardar coisas na memória; se você desenhasse imagens em vez de fazer anotações; se escrevesse poemas malucos para se lembrar das coisas; se cantasse as informações seguindo a melodia de alguma de suas músicas prediletas; e se fizesse qualquer uma dessas coisas plantando bananeiras? Quanto mais criativo você for, quanto maior for a parte da sua neurologia que estiver sendo usada, tanto mais fácil se tornará o aprendizado. Como é que os franceses se referem à "fita adesiva"? Se a história que contei lhe agradou, você irá se lembrar; se não agradou, você não se lembrará — a situação é simplesmente esta.

Sua parte no sistema

Como é o nosso estado interior que decide se aprendemos ou não, e como geralmente é alguma outra parte do sistema que consegue criar um estado ruim no nosso interior, se deixarmos que isso aconteça, o primeiro truque mágico que quero demonstrar é como podemos ter opções nas nossas reações a outras pessoas, em vez de nos sentirmos mal de imediato. O nome desse truque é "Meta-Espelho" e ele foi desenvolvido pela dupla Robert Dilts e Todd Epstein. Você pode usá-lo em relação a qualquer pessoa de que não goste; qualquer pessoa com a qual você esteja tendo problemas, qualquer um que exerça uma influência ruim sobre você ou em cuja companhia você não se sinta à vontade. Você vai precisar de certo espaço para se movimentar. É possível que você também queira convocar um amigo para lhe ler as instruções. Fique bastante tempo em cada uma das posições para se conscientizar de tudo o que está acontecendo. E seja bom para si mesmo.

1. Escolha um lugar onde você se sinta confortável, onde possa ficar em pé e imagine que a outra pessoa está em pé na sua frente. Chamaremos esta de primeira posição. Fique parado nes-

se lugar, fite a outra pessoa na sua imaginação e fique atento ao que está ocorrendo no seu interior com essa pessoa na sua frente; é possível que vocês estejam conversando ou que estejam apenas se olhando, não sei.

Quando você tiver se conscientizado de tudo o que está ocorrendo no seu interior, saia desse ponto, libertando-se de todas essas sensações e sentimentos, deixando-os para trás.

2. Coloque-se na posição da outra pessoa e *transforme-se* nela por um instante. (Você já sabe como fazer isso: simplesmente assuma a fisiologia da outra pessoa e *seja* ela.) Olhe para o ponto onde você estava parado e veja-se lá, tal como era. Como é que você se sente *sendo* essa outra pessoa que o está observando? Tome conhecimento do que está ocorrendo no seu interior enquanto assume o papel dessa outra pessoa, e descreva toda a situação nesse outro papel: "Eu vejo... ouço... sinto..."

   Quando você tiver se conscientizado do que significa ser a outra pessoa nesse intercâmbio, saia desse ponto, que chamaremos de segunda posição, libertando-se de todos os sentimentos e sensações, deixando-os para trás.

3. Escolha uma terceira posição, da qual você possa observar tanto a si mesmo como a outra pessoa com certo distanciamento. Você se conscientizará de que eles formam um sistema: cada qual é afetado pelo comportamento do outro. Recline-se ligeiramente e cruze os braços: você é o coreógrafo observando a dança entre essas duas pessoas. Descreva tudo o que está acontecendo, referindo-se a si mesmo pelo nome e dizendo o que você está fazendo e o que a outra pessoa está fazendo e os motivos pelos quais, na sua opinião, cada um está adotando um determinado comportamento.

4. Agora você já pode abandonar e deixar para trás o coreógrafo e assumir uma quarta posição, na qual você se conscientiza do relacionamento entre você como coreógrafo e você na linha de frente. Será que esses dois "vocês" têm a mesma idade, ou será que um deles é mais velho? Eles são do mesmo tamanho ou será que um deles é menor? Será que um deles é mais inteligente? Ou mais vulnerável que o outro? Que diferenças você

percebe entre eles? Lembre-se de que pode ficar quanto tempo quiser nessa posição.

Quando tiver descoberto as diferenças, imagine o que esses dois "vocês" pensam um do outro. É possível que eles tenham um bom relacionamento ou que se irritem mutuamente. Eu não sei. Sei apenas que cada um deles dispõe dos recursos de que o outro necessita. Talvez o mais velho tenha a sabedoria e o distanciamento; talvez o mais jovem tenha a abertura e a curiosidade — eu não tenho a menor idéia de tudo o que você irá descobrir. Descreva as diferenças que você descobrir nessa quarta posição; por exemplo, "O Luís/Luísa na terceira posição não se envolve emocionalmente, ao passo que o Luís/Luísa na primeira posição sente que está sendo atacado." O que você irá descobrir agora é que o Você que estava tendo dificuldades com a outra pessoa provavelmente não é a pessoa correta para reagir de qualquer forma útil ao que está ocorrendo nessa ação recíproca.

Em seguida, você pode perguntar a si mesmo o que aconteceria se o Você da terceira posição trocasse de lugar com o Você da primeira posição; em outras palavras, se o Você mais inteligente e mais distanciado assumisse essa situação difícil. Se isso lhe parece ser um bom plano, você pode voltar e pegar o Você da terceira posição e levá-lo à primeira posição. Eu não tenho idéia de onde você gostaria de colocar o Você que originalmente se encontrava na primeira posição; uma colega minha descobriu que era tão pequena na primeira posição que simplesmente colocou-a dentro do seu bolso para lhe dar segurança e proteção. Depende de você decidir onde esse Você ficará mais seguro e mais confortável, mas sempre à disposição com todos os seus maravilhosos recursos, se você necessitar deles.

Você pode decidir que precisa de uma quinta posição para conseguir uma perspectiva ainda mais ampla e que o Você da quarta posição é o que tem as melhores possibilidades de lidar com a situação. Essa quinta posição pode ser em qualquer lugar que você escolher — talvez no chão, ou até mesmo no teto — de modo que você possa observar a ação recíproca a partir de um ângulo diferente. Você se encarregará de escolher o melhor lugar.

Quando você tiver escolhido o Você mais apropriado para ocupar a primeira posição, você poderá se colocar nela outra vez, olhando de frente para a outra pessoa. Respire fundo e observe como tudo se modificou. Quando você tiver plena consciência da diferença dos seus sentimentos e sensações, livre-se deles e volte a se colocar na posição da outra pessoa. Olhe novamente para si mesmo e conscientize-se das mudanças que notar. Tente tratar desse novo Você exatamente como a outra pessoa costuma fazer e perceba a mudança nas suas reações. Você descobrirá que a situação também passou por uma mudança completa para a outra pessoa.

Quando tiver apreciado demoradamente as mudanças, deixe a posição da outra pessoa, liberte-se dela, volte à primeira posição e curta o seu eu.

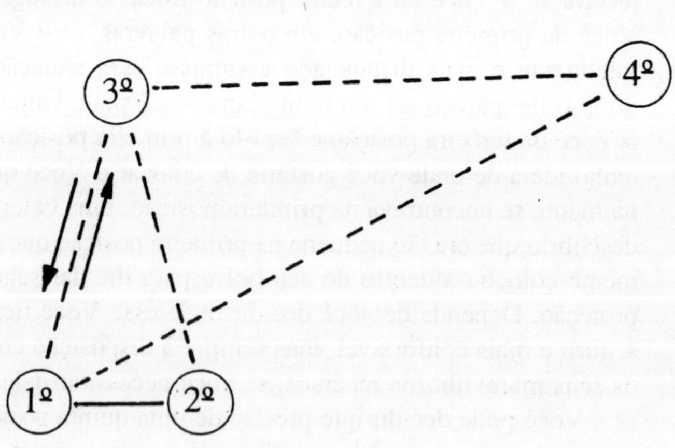

Meta-espelho

O motivo pelo qual isso tudo funciona tão bem é que estamos separando fisicamente o espaço do problema nos seus vários compartimentos, de tal modo que nenhuma posição possa contaminar a outra. Isso nos dá a oportunidade de ficarmos em nossos corpos e de realmente vivenciarmos o que ocorre em cada posição, em vez de tentarmos entender a situação apenas em nossa mente e de nos metermos em confusão, porque é extremamente complicado quando nossos sentimentos derrapam de uma situação, onde devem ficar, para outra, onde não devem permanecer. O fato de descrevermos o que acontece em cada uma das posições também ajuda a manter claras as separações.

Você pode se valer desse truque mágico em qualquer momento e em qualquer lugar. Ian McDermott lembra-se de uma ocasião em que alguém lhe estava causando dificuldades durante um jantar, o que o levou a deixar a sala por instantes, aproveitando para fazer um rápido Meta-Espelho, voltando depois fortalecido, com a capacidade de usufruir o restante da noite.

PENSAR SOBRE CRÍTICAS

As críticas verbais têm início muito cedo em nossas vidas, quando somos chamados de "levados" ou "desobedientes"; não demora muito para começarmos a receber essas opiniões por escrito. Neil era uma criança extremamente inteligente; bastava lhe mostrar ou explicar alguma coisa uma única vez e ele já a entendia. No entanto, ele foi expulso de várias escolas e a carta enviada por uma delas afirmava: "Temos por política fundamental tentar encontrar algo de bom em todas as crianças, mas, no caso de Neil, infelizmente, isso não foi possível." O único problema era que a escola não representava nenhum desafio para ele, de modo que se entediava; quando deixamos um cachorro pequeno em casa durante o dia inteiro, não podemos culpá-lo se ele resolver começar a mastigar nossos chinelos.

Para interpretar as críticas de forma útil, precisamos outra vez pensar sobre os diferentes níveis lógicos do pensamento — identidade, crença, capacidade, comportamento, ambiente — e nos perguntar o que cada crítica realmente significa.

"A é preguiçoso." Vamos perguntar ao autor desta afirmação no nível da identidade exatamente o que ele quis dizer com isso.

"Bem, ele não faz os trabalhos."

"Nunca?"

"Bem, na maior parte das vezes."

"Quando, por exemplo?"

"Todas as tardes."

Sem entrar em maiores detalhes a respeito de como sabemos que A não trabalha durante as tardes, já estabelecemos que essa afirmação se refere a um comportamento, e que nada tem que ver com o que A realmente é. Se continuarmos com um cuidadoso interrogatório, poderemos descobrir que A está empregado numa atividade aquém de suas possibilidades, realizando todas suas funções antes do almoço, ou que fazer aviõezinhos de papel é a maneira de ele distrair sua mente consciente quando precisa pensar. Independentemente do que possamos descobrir, isso não se relaciona com a identidade dele. "B é agressivo." Depois de algumas perguntas, podemos descobrir que fazer muito barulho é a única estratégia que B tem à sua disposição para chamar a atenção dos demais. Outro caso de comportamento.

"Desobediente", "levado" e "mal-educado" são adjetivos que costumam ser acoplados ao verbo "ser". Todos são afirmações de identidade feitas a respeito dos jovens, e os jovens, sendo muito sensíveis, acreditam que esses pronunciamentos representam a verdade a respeito *de quem* eles são, se bem que um punhado de perguntas bem formuladas costuma ser suficiente para revelar que realmente se referem apenas a comportamentos. Quando a crítica é feita no nível da identidade, nós a aceitamos no nível da identidade, a não ser que saibamos como parar e refletir sobre o assunto. "Você é irresponsável... é um péssimo comunicador... é possessivo demais" são frases que fazem as pessoas se sentirem mal com relação a si mesmas — a respeito de quem elas são — e isso pode resultar num comportamento ainda mais atribulado ou no fato de elas desistirem da mensagem que estão tentando transmitir. Se, como passageira no seu carro, fico apavorada com a velocidade com que você guia nas estradas, sinto a necessidade de fazer algo para melhorar a situação. Eu posso lhe dizer que você é um péssimo motorista, e correr o risco de você acelerar ainda mais apenas para mostrar que domina o volante, ou então posso dizer a verdade: "Estou morrendo de medo pelo fato de você estar correndo. Você poderia diminuir um pouco a velocidade?" Qual das duas declarações conseguiria transmitir a mensagem e produzir o efeito desejado?

Independentemente de qual seja a situação, é preciso enfrentá-la. Você é uma pessoa importante para mim e não estou interessada em fazer você se sentir mal. No entanto, sou ainda mais importante para mim mesma, de modo que não estou disposta a sofrer em silêncio. Minha solução consiste simplesmente em lhe transmitir minha mensagem e deixar a seu cargo qualquer alteração do comportamento que faça eu me sentir melhor. É preciso lembrar que as críticas no nível da identidade que nos são feitas nascem de uma necessidade básica que a outra pessoa ainda não tenha aprendido como expressar: algo que fizemos faz com que elas se sintam mal, e é mais fácil para elas transferir essas péssimas sensações para nós do que realmente abordá-las.

Como experiência de aprendizagem, levei Caroline e Sylvain para visitar Jemima Parry-Jones, uma exímia falcoeira. As crianças nada sabiam sobre a falcoaria, tampouco sobre o vocabulário associado a essa atividade. Resolvi deixá-las soltas e ver como se sairiam; eu estava presente apenas para responder às perguntas, não para dar aulas. Elas passaram o dia observando o vôo de diversas aves: corujas, águias marítimas, abutres e falcões. No dia seguinte, elas organizaram sistematicamente suas conclusões:

- onde e quando cada ave caçava;
- o que cada ave caçava;
- como cada ave caçava;
- por que cada ave tinha um modo diferente de caçar;
- o nome que identificava cada ave.

Elas compreenderam que o treinamento de Jemima era tão eficiente justamente porque era realizado no nível da identidade: cada ave lhe interessava como um espécime, e ela tratava cada uma delas com o devido respeito.

Quando a mãe de Caroline veio buscá-la, fez um comentário, em termos de identidade, que anteriormente teria deixado a filha, no mínimo, acabrunhada. Caroline limitou-se a sorrir, olhando para mim, e disse: "Eu me pergunto em que nível lógico devo procurar aceitar isso."

Caroline tinha 12 anos na ocasião; ela sabia como pensar, e tinha opções quanto às suas formas de reagir. Quando não dispomos de opções, preferimos apelar para o nosso programa automático de "enfrentar críticas", cuja finalidade é fazer com que deixemos de nos sentir mal. Pouco importando o que esse programa possa ser, ele pode envolver algum tipo de fechamento de sistemas, e acabamos não aprendendo nada com a situação.

A FORMULAÇÃO DE PERGUNTAS

Por que preciso aprender isso?

Nos meus tempos de escola, jamais consegui entender a necessidade de decorar datas, de forma que nunca me importei com isso; foi somente anos depois que compreendi o fato básico de que as datas têm uma utilidade num esquema mais amplo das coisas, quando queremos saber que coisas estavam acontecendo simultaneamente em lugares diferentes. Por exemplo, pode ser interessante perceber que todos os dramas familiares e comunitários descritos nos romances de Jane Austen ocorrem durante as guerras napoleônicas. Pergunte a si mesmo: "Por que preciso aprender isso?" e, caso não consiga encontrar uma resposta, repita a pergunta para quem está querendo que você aprenda uma determinada coisa. E se não receber uma resposta válida, você pode decidir se vai ou não se dar a esse trabalho.

O que preciso aprender?

Diante de um pesado manual, de uma pilha de material a ser examinado, de qualquer novo assunto — pouco importa o que — precisamos de um resultado, caso contrário, voltamos àquela situação em que estamos montados num camelo usando um vestido de noite. Saber *o que* precisamos aprender não só nos fornece uma direção como também nos poupa de horas e mais horas de tempo desperdiçado.

Eu não entendo

Certa vez, perguntei a um jovem cliente que freqüentava uma escola particular o que aconteceria se ele dissesse ao professor que não tinha compreendido o que ele lhe explicara. O jovem me olhou horrorizado e me disse que levaria uma "tremenda bronca". Perguntei-lhe, então, para quem o professor trabalhava. A resposta foi "para a escola". Perguntei depois quem pagava as mensalidades escolares. Quando o rapaz entendeu que seus pais é que pagavam a escola para que esta pagasse os professores e estes o educassem, ele percebeu que tinha todos os motivos para insistir nos seus direitos.

Como faço isso?

Recebemos todos os tipos de instruções como "Ouça!", "Preste atenção!", "Concentre-se!" e todos admitem que sabemos como fazer essas coisas. Por exemplo, como você ensinaria as pessoas a ouvir, principalmente se elas nunca ouviram em suas vidas? O que elas teriam de fazer para serem capazes de ouvir? Se lhe dizem para fazer alguma coisa que você não sabe como fazer, pergunte. Talvez seja apropriado formular essas perguntas com muita diplomacia, caso contrário os outros poderão achar que você está querendo se divertir à custa deles.

Que perguntas devem ser feitas?

Lembrando os níveis lógicos, as perguntas que teremos de formular são: onde, quando, o que, como, por que, quem e quem mais. Você perceberá que se acha tão consciente de todos os diferentes níveis que as perguntas surgirão de modo automático assim que você passar a reconhecer cada vez mais as formas pouco rigorosas de pensamento. Ouça os discursos dos políticos e conscientize-se dos níveis nos quais eles estão ou não respondendo às perguntas.

Qual seria a sensação de se montar num raio de luz? Dizem que essa pergunta ocorreu a Einstein quando ele estava entediado numa aula de matemática. Imagino o tipo de resposta pouco entusiasmada que ele teria obtido caso formulasse uma idéia tão ridícula ao seu professor, mas foi justamente essa pergunta que o encaminhou para a física e, posteriormente, para a teoria da relatividade, que transformou nossos conceitos de tempo e espaço.

Formule perguntas "malucas"; você não tem idéia para onde elas poderão conduzi-lo. Se alguém disser para se calar ou para deixar de ser tolo, você pode ir procurar outra pessoa que esteja mais interessada em pensar.

Eu me pergunto por que tantas das expressões que usamos para nos referir à inteligência relacionam-se à luz:

- é claro
- brilhante
- tive uma luz
- tão óbvio que chega a cegar
- foi esclarecedor
- clareza
- lucidez
- amplitude de visão

Será que isso, de alguma forma, está relacionado com os motivos pelos quais o gênio de Aladim saiu de dentro de uma lâmpada?

O que aconteceria se você...

Essa pergunta, como diria Ian McDermott, vale mais do que o preço deste livro.

- Você passou mais de três semanas esperando que o encanador fosse fazer os ajustes necessários no seu equipamento de aquecimento central, ou que o homem da telefônica lhe instalasse uma nova linha, e, quando ele chega, mostra-se incapaz de fazer a parte essencial do trabalho, alegando uma "política da empresa".
- Você é incapaz de expressar a alguém o fato de não ter compreendido alguma coisa.
- Você não consegue dizer a uma pessoa agressiva que quer ser deixado em paz.

"O que aconteceria se você...?" é uma pergunta que leva as pessoas a pensar sobre suas crenças limitantes, e a perceber que talvez possam, apesar de tudo, ir além delas. Todas as vezes que você quiser fazer essa pergunta a alguém, procure fazê-la com muita cautela, caso queira continuar mantendo laços de amizade com essa pessoa.

OS EFEITOS QUE TEMOS SOBRE OS OUTROS

Aprendemos a nos relacionar com outras pessoas imitando-as e copiando-lhes o comportamento, com a finalidade de que elas se sintam à vontade quando estão conosco. Imitar e copiar são atividades de nível comportamental, e acredito que uma das necessidades humanas básicas seja a de sermos aceitos e reconhecidos como pessoas, como indivíduos. Portanto, posso passar por todo o esquema de imitar e de copiar você, mas, caso você não me interesse como pessoa, nenhuma das minhas técnicas ou habilidades funcionará. O relacionamento é um assunto que se desenrola no nível da identidade, como Caroline e Sylvain descobriram na falcoaria. Todd Epstein acrescentou uma valiosa observação ao óbvio ululante: "e, se eu não sou importante para você, a razão disso pode estar no fato de eu não ser importante para mim mesmo", o que nos fornece motivo para não termos bons relacionamentos com ninguém. Portanto, se Joe Soap estiver tão envolvido pelo seu próprio sentimento de falta de valor, não precisamos nos juntar a ele no seu modelo de mundo, nem criar para nós o mesmo sentimento de falta de valor. E também podemos nos sentir perfeitamente OK quanto a não querermos nos envolver com ele.

Don Juan, o curandeiro indígena yacqui com o qual o antropólogo Carlos Castañeda passou muitos anos como aprendiz, chamou a atenção de Castañeda olhando-o fixamente no olho direito. Tente fazer isso e veja o que acontece.

Como não podemos sair por aí perguntando a pessoas completamente estranhas qual é o procedimento de evidências de que elas se valem para saber se gostamos delas ou não, precisamos reconhecê-las visualmente, auditivamente e de modo cinestésico para termos certeza de que estamos estabelecendo a ligação. Em outras palavras, precisamos olhar para elas, equiparar o tom de sua voz e acompanhar seus movimentos e/ou seu ritmo respiratório, e talvez balançar ligeiramente nossa cabeça no ritmo dos movimentos faciais que acompanham as palavras que estão enfatizando. (Se você observar amigos mergulhados numa conversa íntima, perceberá que é exatamente isso o que eles fazem de modo inconsciente.) Você pode começar tentando aplicar essas técnicas a pessoas completamente estranhas e descobrir como elas são interessantes. Mais tarde, você pode usar essas técnicas com pessoas em relação às quais acreditava nada ter em comum, e ver como a situação se desenvolve. Por fim, você pode aplicá-las a todas as pessoas.

Essas técnicas funcionam porque estamos fazendo contato num nível subconsciente. As outras pessoas não têm consciência do que estamos fazendo. A única coisa que percebem é que uma ligação foi estabelecida e o comportamento se modifica com o intuito de fortalecer essa ligação. Até mesmo o menor movimento de aprovação com a cabeça será registrado pela visão periférica das outras pessoas. Meus clientes gostam de fazer essas experiências em reuniões, porque, dessa forma, de repente as reuniões acabam ficando muito mais animadas e interessantes.

A RESOLUÇÃO DE PROBLEMAS

Não podemos resolver um problema no mesmo nível em que ele foi criado. Eu estava num hotel em Santa Cruz, quando acordei por volta das três e meia da manhã com o barulho de água pingando. Havia uma verdadeira cascata no meu quarto e no banheiro; alguma coisa estava inundando o andar superior. Espalhei todos os recipientes imagináveis e também o estoque de toalhas, e depois disquei para o quarto situado acima do meu. Não obtive resposta, de maneira que liguei para a recepção. Os funcionários se mostraram muito simpáticos, oferecendo-me mais recipientes e toalhas felpudas; eles até sugeriram que eu fosse transferida para outro quarto. No entanto, como o encarregado da manutenção do prédio somente entraria no trabalho às oito e meia da manhã, eles nada podiam fazer de concreto contra a inundação. Eles se mostraram dispostos a fazer todas as coisas que estivessem ao seu alcance, mas não podiam subir ao andar superior e lidar com a causa originária do problema.

Se X irrita as pessoas por ficar constantemente gritando com elas, amordaçá-lo pode simplificar a vida para todos, mas ele se mostrará ainda pior quando a mordaça lhe for retirada. Precisamos trilhar o nosso

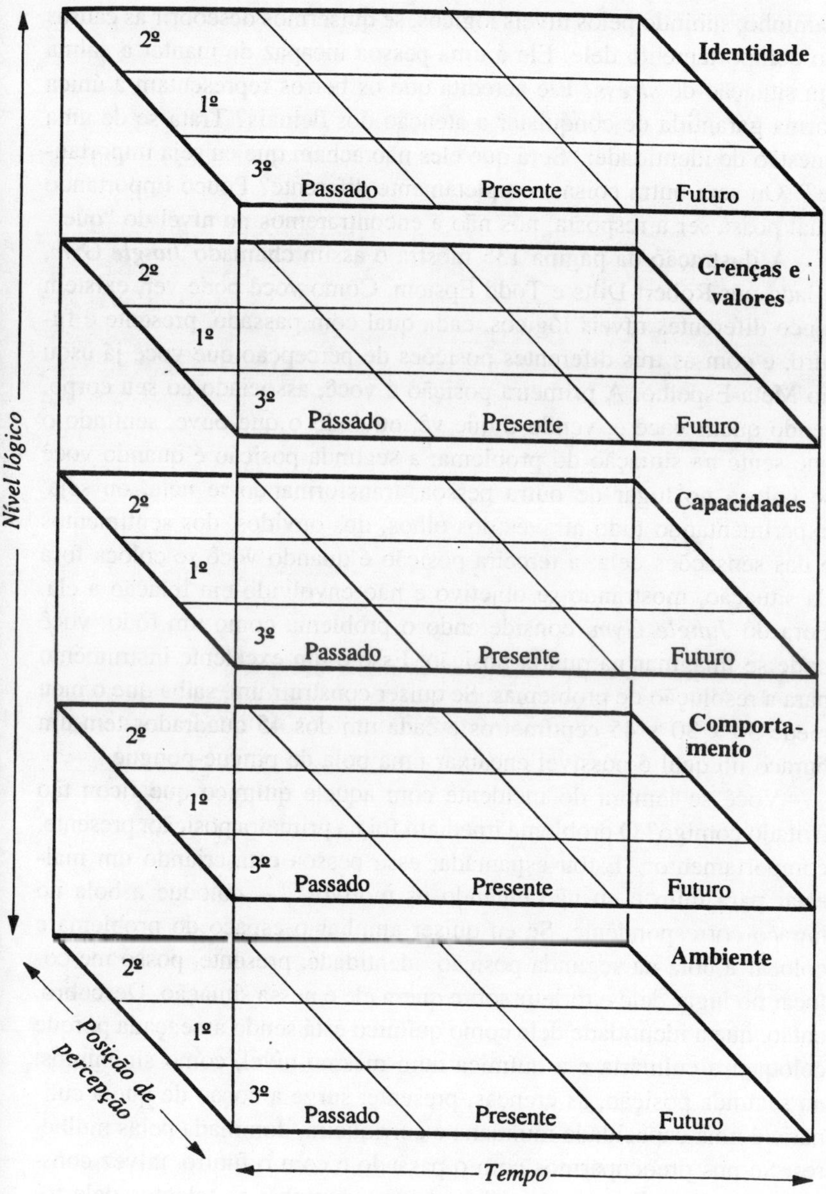
Nível lógico
Identidade
Crenças e valores
Capacidades
Comportamento
Ambiente
2º
1º
3º
Passado
Presente
Futuro
Posição de percepção
Tempo

O "Jungle Gym"

caminho, subindo pelos níveis lógicos, se quisermos descobrir as causas do comportamento dele. Ele é uma pessoa incapaz de manter a calma em situação de *stress*? Ele acredita que os berros representam a única forma garantida de conquistar a atenção dos demais? Trata-se de uma questão de identidade: "Será que eles não acham que eu seja importante?" Ou será outra coisa, completamente diferente? Pouco importando qual possa ser a resposta, nós não a encontraremos no nível do "que".

A ilustração da página 135 mostra o assim chamado *Jungle Gym*, criado por Robert Dilts e Todd Epstein. Como você pode ver, existem cinco diferentes níveis lógicos, cada qual com passado, presente e futuro, e com as três diferentes posições de percepção que você já usou no Meta-Espelho. A primeira posição é você, associado ao seu corpo, sendo quem você é, vendo o que vê, ouvindo o que ouve, sentindo o que sente na situação do problema; a segunda posição é quando você se coloca no lugar de outra pessoa, transformando-se nela, ou seja, experimentando tudo através dos olhos, dos ouvidos, dos sentimentos e das sensações dela; a terceira posição é quando você se coloca fora da situação, mostrando-se objetivo e não envolvido em relação a ela. Fora do *Jungle Gym*, considerando o problema como um todo, você pode se imaginar na quarta posição. Esse é um excelente instrumento para a resolução de problemas. Se quiser construir um, saiba que o meu mede 30 x 30 x 45 centímetros e cada um dos 45 quadrados tem um buraco no qual é possível encaixar uma bola de pingue-pongue.

Você se lembra do incidente com aquele químico que ficou tão irritado comigo? O problema imediato foi na primeira posição, presente, comportamento: "Estou espantada; essa pessoa está criando um mal-estar para mim e eu não entendo os motivos" — coloque a bola no buraco correspondente. Se eu quiser ampliar o espaço do problema e colocar a bola na segunda posição, identidade, presente, posso me colocar no lugar dele e refletir sobre quem ele é nessa situação. Descubro, então, que a identidade dele como químico está sendo ameaçada porque coloquei a culinária e a química num mesmo nível, como sinônimos; na segunda posição, as crenças, presente, surge a noção de que a culinária é uma capacidade mundana e corriqueira, dominada pelas mulheres. Se nos preocuparmos com o passado e com o futuro, talvez constatemos que a última pessoa que tentou diminuir os talentos dele tomou-lhe o emprego. Se eu mudar para a primeira posição, crenças, futuro, posso verificar se a teoria que acabei de inventar poderá ou não ser útil para mim no futuro; em caso positivo, posso tentar minha primeira posição, futuro, comportamento, para determinar as proporções. Em seguida, posso avançar para a terceira posição e verificar onde e quando essa escolha do novo comportamento será apropriada, qual será sua aparência para os demais e assim por diante. Quanto mais ampliarmos o espaço do problema, tanto mais clara se torna a solução. Assim que tivermos definido o espaço do problema com as bolas de pingue-pongue, poderemos começar a buscar a solução a partir de qualquer um dos espaços. Você pode preferir ir diretamente para a terceira posição e encarar o problema com certo distanciamento. Ou pode encontrar as respostas no nível do onde-quando — X lhe causa problemas quando teve uma discussão em casa com a mulher, ou quando acha que o seu hálito está cheirando a alho depois do almoço. Você também pode encontrá-las no nível do "o que"; do ponto de vista objetivo, você consegue ver que você e Y estão se comportando exatamente da mesma forma — ambos são igualmente defensivos, de forma que a situação está se tornando cada vez mais tensa. Use freqüentemente o *Jungle Gym* e ficará surpreso com tudo o que irá descobrir.

CAÇA AO TESOURO

Pense a respeito de alguma coisa que você realmente goste de fazer. Pode ser um *hobby*, algo relacionado com o trabalho — pode ser qualquer coisa na vida, desde a criação de abelhas à prática do *Jodel**. Quando tiver decidido a respeito do que quer pensar, você pode se conscientizar de quanto aprendeu sobre o assunto enquanto estava apenas se divertindo: quanto você aprendeu a partir da experiência e quanto descobriu por mera curiosidade, fazendo perguntas, experiências, pesquisas, e assim por diante.

* Canto em que se alternam a voz normal e o falsete, à maneira dos montanheses suíços e tiroleses. (N. do T.)

Os editores pedem às pessoas que escrevam livros sobre seus passatempos prediletos. "Quem, eu?", retrucam elas, espantadas, nunca tendo se considerado qualificadas para pontificar sobre algo que, para elas, nunca passou de um divertimento; elas ficam atônitas ao descobrir que são consideradas autoridades no assunto.

Quando tiver considerado cuidadosamente a abundância e a profundidade dos seus conhecimentos, você pode pensar em algo bastante simples que aprendeu sozinho: administrar casa, relacionar-se com outras pessoas, compreender o comportamento dos gatos — coisas que você aprendeu a fazer sem que ninguém lhe desse aulas. Quantas coisas você lembra que se enquadram nessa categoria? Talvez você queira fazer uma lista e depois outra lista das coisas que aprendeu com seus passatempos prediletos.

Depois, temos todas aquelas coisas a respeito das quais conversamos antes, como aprender a engatinhar, a comer sozinhos, a andar, a falar — tudo o que você aprendeu desde que nasceu até começar a freqüentar a escola. Você pode fazer outra lista, cuja elaboração será muito demorada se você se dedicar a ela com afinco.

Quando estiver bem consciente do quanto aprendeu sozinho, trace uma linha no chão, uma linha do tempo, e decida em que direção fica o futuro e em que direção fica o passado. Para onde você vai preferir olhar ao deparar com o seu futuro?

Talvez ache mais proveitoso ter alguém que leia as instruções para você conforme for fazendo o exercício.

Passado	**Presente**	**Futuro**

Quando estiver preparado, você pode pisar na linha exatamente no ponto que escolheu para representar o presente e se limitar a ficar no aqui e agora, olhando em direção ao futuro, para o que você decidiu que quer. Quando seu futuro estiver claro na sua frente, você pode dar início à caça ao tesouro, caminhando lentamente para trás, ao longo da linha do tempo, penetrando no passado, voltando a todos aqueles momentos em que você aprendia com facilidade e prazer, simplesmente porque queria saber das coisas. Simplesmente retroceda na linha e o seu corpo saberá onde parar para aproveitar mais cada momento especial de aprendizado.

Quando chegar a cada momento, faça uma pausa, respire fundo e sinta o que está acontecendo no seu interior nesse exato momento. O que você está vendo? O que está ouvindo? O que está sentindo, saboreando e cheirando enquanto aprende com tanta facilidade? Veja o que vê, ouça o que ouve, sinta o que sente nesse momento de aprendizado, para poder realmente descobrir o que significa estar num modo de aprendizado. É possível que você queira fazer algo que possa fixar tudo isso na sua neurologia: à medida que sua consciência vai começando a aumentar em cada ponto (talvez justamente quando você está respirando fundo), você pode pressionar o polegar e o indicador, ou beliscar as orelhas ou o nariz. Isso funcionará para você como uma espécie de botão mágico, de maneira que poderá trazer de volta esse estado de aprendizagem sempre que necessitar dele; é aconselhável escolher algo que você possa fazer em público sem que os outros pensem que você endoidou de vez. À proporção que você vai voltando ao longo dessa linha, colhendo todos os tesouros por meio de experiências de aprendizagem (e pressionando seu botão mágico assim que se conscientizar de cada um dos tesouros, enquanto tudo o que acompanha esse estado interior entra em ação), você poderá encontrar alguns pontos obscuros nessa linha. Você pode lidar com eles do jeito que achar mais conveniente: lançando um pouco de luz sobre eles, ignorando-os, contornando-os — você saberá o que será melhor em cada caso.

Continue ao longo da linha, fazendo uma pausa em todos os momentos de aprendizado e colhendo tudo o que experimentar ali, até chegar ao seu momento mais remoto de aprendizado, quando poderá parar e examinar a linha que percorreu e todos os tesouros descobertos, que você agora poderá transportar para o presente e, depois, para o futuro.

Assim que estiver realmente consciente de todos eles, você poderá começar a se movimentar novamente em direção ao presente, voltando a parar em cada um dos pontos de aprendizado e apertando seu botão mágico. E enquanto fizer isso, eu me pergunto sobre o número de pontos de aprendizado de que você se conscientizará à medida que for se deslocando outra vez pela linha em direção ao presente, e sobre como os pontos escuros parecerão mais claros com a luminosidade adicional que você está trazendo a eles com os conhecimentos e com a consciência que conseguiu adquirir. Você pode permanecer quanto tempo quiser e quanto for necessário em cada um desses pontos, para compreendê-los inteiramente.

Quando voltar ao presente, com seu estoque de tesouros do passado, você poderá olhar para o futuro que escolheu para si mesmo — para o seu sonho e para o sonho que existe além do sonho — sabendo que é perfeitamente capaz de aprender qualquer coisa que queira aprender, porque trouxe consigo a prova do passado para o presente. Se quiser, você pode pressionar seu botão mágico e avançar até atingir essa meta na linha do seu futuro, e ter a sensação de já ter alcançado o que deseja; e também pode olhar para trás em direção ao presente e constatar como conseguiu chegar lá, conscientizando-se das etapas que percorreu ao longo do caminho. E quando tiver compreendido inteiramente o que significa ter atingido essa meta, você pode voltar ao presente, saboreando todas essas agradáveis sensações. Quando voltar ao presente, vire-se outra vez, examine novamente suas metas e veja quão mais simples e divertido tudo parece ser. Talvez você queira se ligar a essas metas com um fio dourado, com um raio de luz ou com qualquer coisa que o atraia de forma inexorável a elas — sabendo que em qualquer estágio você pode modificar, acrescentar e melhorar essas metas.

Agora, o seu botão mágico está à disposição sempre que você quiser ficar numa verdadeira situação de aprendizado; sempre que quiser que suas capacidades naturais coloquem todas as partes do seu ser na situação de aprendizado, basta pressionar o botão e isso acontecerá de forma automática.

E agora chegou o momento de fazer uma pausa completa, permitindo, assim, que sua mente inconsciente processe as descobertas que fez.

O *SOFTWARE* PARA LER E ESCREVER

Um *software* importante diz respeito à maneira como pensamos sobre o tempo; em outras palavras, onde você vê o passado e onde vê o futuro diante do seu olho mental? Algumas pessoas sabem exatamente onde os vêem; outras precisam refletir um pouco antes de se conscientizarem de que vêem o passado numa direção e o futuro em outra. Caso você ainda esteja se perguntando onde vê ou sente o passado e o futuro, tente fazer a seguinte experiência.

> Pense a respeito de alguma coisa que fez na semana passada, algo que fez no mês passado e outra coisa que foi feita há um ano. Em seguida, pense em algo que está planejando fazer na próxima semana, no próximo mês e no ano próximo. Procure escolher alguma atividade rotineira, como escovar os dentes.
>
> Como é que você sabe que coisas já foram feitas e quais ainda estão na sua imaginação? Seu cérebro desenvolveu um excelente sistema de arquivamento, de maneira que você é capaz de saber exatamente o que é o que, porque as imagens, os sentimentos e os sons estarão em diferentes lugares.

Outra maneira de descobrir como seu cérebro organiza o tempo para você consiste em imaginar que uma das coisas que você precisa fazer hoje é telefonar para mim e me dar os parabéns pelo meu aniversário. Você sabe que será atendido pela secretária eletrônica, de maneira que não terá nenhuma lembrança do que eu respondi. *Como é que você saberá com certeza que fez ou não o que pretendia fazer?*

A maioria das pessoas destras guarda o passado em alguma parte do seu lado esquerdo e o futuro em algum lugar do lado direito. Quando você lhes faz perguntas que envolvem a memória, seus olhos se movimentarão para a esquerda — querendo ver imagens ou ouvir sons. Quando você lhes pedir que formem uma imagem de algo que nunca viram

Como seus olhos processam a linha de um texto

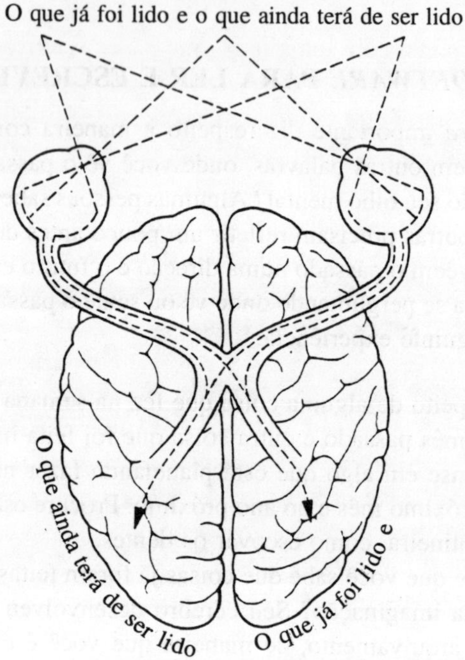

ou de um som que nunca ouviram, seus olhos irão se movimentar para a direita. Por exemplo, o que você pensa quanto ao som da minha voz? Para onde se movimentaram seus olhos quando você refletiu sobre essa pergunta? Nas línguas que são lidas da esquerda para a direita, como o inglês e o português, o que lemos está no passado, à esquerda; e o que estamos em via de ler está no futuro, à direita.

A leitura é um processo extremamente complexo e os seus olhos se mostram muito inteligentes no sentido de simplificar tudo isso. Conforme pode ser visto pelo diagrama desta página, a visão periférica de cada olho verifica o que você acabou de ler para ver se o que você está lendo agora faz sentido com relação ao que acabou de ler; simultaneamente, a visão periférica de cada olho verifica o que você está em via de ler para garantir que aquilo que está sendo lido agora continuará fazendo sentido.

Quando trabalhei com um cliente que havia sido rotulado de "disléxico" e que estava freqüentando uma escola especial, percebi que, quando lhe fazia perguntas referentes ao passado, seus olhos se erguiam para o lado direito. Interessada, verifiquei onde ele mantinha sua linha do tempo, fazendo algumas das mesmas perguntas que acabei de fazer a você. Em seguida, expliquei-lhe como os olhos funcionam quando lemos e como, ao lermos, o passado fica à esquerda e o futuro à direita. Ele ficou muito interessado, de modo que lhe perguntei o que aconteceria se ele invertesse a posição da sua linha do tempo, colocando o passado à esquerda e o futuro à direita. Depois de uma breve pausa, ele exclamou: "Sou capaz de fazê-lo! Eu consigo ler! É tudo muito fácil!" Desde então, constatei que todos os meus clientes com dificuldades para ler ou para escrever mantêm seu passado à direita e seu futuro à esquerda. Esse método de arquivamento não significa necessariamente que teremos problemas de leitura; eu mesma conheço muitas pessoas com linhas do tempo que vão da direita para a esquerda e que nunca encontraram qualquer dificuldade nesse sentido.

Certa vez, pediram-me para ajudar uma pessoa incapaz de fazer planos: essa mulher mantinha o passado na frente e com o futuro atrás, de modo que nada tinha para olhar à sua frente. Há inúmeras variações em termos de linhas de tempo. Tenho uma colega capaz de dizer exatamente quando todas as coisas aconteceram: na sua imaginação, ela mantém as lembranças em diferentes rolos coloridos, organizados de acordo com as datas — uma solução brilhante! Mas as datas não são tão importantes para mim e eu me recusaria a me aborrecer com todos esses esquemas; prefiro que minhas lembranças fiquem em imagens que estejam imediatamente à minha disposição.

Concluí que preciso de duas linhas de tempo: uma para viver e outra para o planejamento. Mantenho minha linha de planejamento sempre na minha frente, de modo que não preciso ficar me virando para verificar coisas aprendidas no passado. Você pode escolher a alternativa que julgar melhor para si mesmo, afinal de contas, o cérebro é seu.

Ortografia

Peça a pessoas que não têm dificuldades com a ortografia que soletrem uma palavra para você, e elas irão olhar para cima ou fixamente para a frente com a finalidade de ver uma imagem da palavra: elas tanto podem fazer isso de forma consciente quanto inconsciente. Os mais criativos irão olhar para os lados, querendo captar os sons da palavra. A ortografia de base fonética não chega a ser muito eficiente em inglês: a letra "p" é usada em palavras como *pheasant* [faisão], *ptarmigan* [ptármica] e *psychology* [psicologia]; já ouvi isso na vespa assada; e num garrote em público.* (Se essas duas últimas frases confundiram-no completamente, diga-as para outra pessoa; seu ouvinte entenderá facilmente, pois, ao contrário do que ocorreu com você, ele não será confundido pela visualização das palavras.) As pessoas que não têm dificuldades com a ortografia também costumam verificar se a palavra dá a "sensação" de estar correta, olhando para baixo. (Geralmente, olham em direção à mão que usam para escrever.) Às vezes, pessoas são acusadas de lerem apenas pelo prazer de procurar erros ortográficos. Não é o que realmente ocorre: as palavras com erros ortográficos parecem saltar das páginas e atingi-las diretamente.

O truque da boa ortografia está em se ver a palavra. Para aprender uma nova palavra, podemos erguê-la de tal modo a vê-la claramente no local onde guardamos nossa memória visual.

- Trata-se de uma palavra longa, como "cosmopolitano"?
- Ou é uma palavra curta, como "nós"?
- Ela tem letras que são todas do mesmo tamanho, como "enorme"?
- Ou tem letras mais compridas, como "filtro"?
- Tem letras cuja grafia se completa abaixo da linha como "cigano"?
- Tem uma mistura de todas essas letras, como "psicologia"?
- Contém letras dobradas, como "errado"?

Podemos fixar melhor a palavra na nossa memória fotográfica soletrando-a de frente para trás e depois no sentido inverso. Para que nossa imagem mental possa ser vista com mais facilidade, podemos:

---

* Adaptado para ter sentido em português. (N.R.)

- torná-la maior;
- torná-la mais brilhante;
- trazê-la mais para perto;
- mudar as cores das letras e/ou do fundo;
- emoldurá-la (que tipo de moldura você escolheria?);
- colocar num lugar especial a imagem, que pode ser a de um animal predileto, a de um cartaz de que gostamos muito ou a de um prato que achamos ser especialmente saboroso.

Você mesmo irá descobrir o que precisa fazer — experimente e divirta-se! Procure perceber a palavra, passando os dedos ao longo das letras ou escrevendo-a no ar, no braço ou na perna — ou em qualquer lugar que quiser. Uma de minhas colegas, Christine Amato, que trabalha para a Secretaria da Educação do Estado da Califórnia, organizou equipes de crianças que visitam várias escolas, ensinando ortografia a outras crianças.

Ditado

Edouard e Charles-Henri queriam melhorar seu desempenho no ditado, porque as notas baixas estavam causando uma séria "erosão" em suas médias, impedindo-os de se manterem em boa situação nas suas classes; era uma questão de orgulho. Perguntei a Edouard quem conseguia os melhores resultados nos ditados na sua classe: "Céline", respondeu ele; eu lhe disse então que deveria se sentar e se "transformar" em Céline. Ele imediatamente assumiu a postura fisiológica clássica de uma pessoa boa em ditados: os pés em posição paralela e afastados; as costas retas e o corpo em equilíbrio; o papel num ângulo de 45 graus com relação à borda da mesa. Foi exatamente o que eu esperava, de modo que fiquei surpresa quando Charles-Henri se transformou em Philippe (o aluno que conseguia os melhores resultados nos ditados em sua classe): ele se curvou sobre a folha, os olhos baixos, o braço esquerdo escondendo o que escrevia, e somente quando estava pronto para começar, ergueu os olhos na minha direção e soltou uma espécie de grunhido.

Fiz um ditado de uns cinco minutos de duração e depois eles ficaram entediados e voltaram às suas posturas normais. Em seguida, por puro interesse, continuei com mais cinco minutos de ditado. Depois disso tudo, eles não estavam com o espírito preparado para ouvir eventuais correções, de maneira que recolhi seus trabalhos para ver o que havia acontecido. Eu mal consegui acreditar no que meus olhos me mostraram: a primeira metade, feita quando estavam copiando o modelo de outras pessoas, estava limpa, bem equilibrada e legível, com pouquíssimos erros, ao passo que a segunda metade, feita por eles mesmos, era uma confusão completa, quase ilegível, e o que consegui ler estava, no que concerne à ortografia, errado.

A fisiologia de Charles-Henri foi particularmente interessante. Eu sempre tinha acreditado que a fisiologia era tudo o que mais importava, mas lá estava ele, inclinado sobre seu trabalho como um ancião, e os resultados eram brilhantes. Talvez, afinal de contas, tudo se resumisse numa questão de distrair a mente consciente imitando o modelo de alguma outra pessoa. Eu me pergunto sobre como suas experiências de aprendizado poderiam ser diferentes se você tentasse esse truque extremamente simples em cada um dos seus assuntos.

> Tudo o que você precisa fazer é pensar em alguém que seja realmente bom naquilo que você também quer fazer, transformar-se nessa pessoa por algum tempo e descobrir o que vai acontecer. Obviamente, você é você e não quer mudar de identidade, de modo que, depois de descobrir que o esquema funciona, você pode perguntar a si mesmo: qual é a diferença que faz a diferença? Em outras palavras, que mudanças você precisa fazer na sua fisiologia? Que imagens você precisa formar diante do seu olho mental? Quais são os sons que você precisa escutar com seu ouvido mental? Quais foram as diferenças que você percebeu no que estava ocorrendo no seu interior, quando você foi capaz de fazer o que antes achava que não conseguiria?

A dificuldade para ler e escrever parece ser o principal motivo para as pessoas serem rotuladas como burras e ignorantes, e para que sejam arquivadas como sendo meros fracassos do ponto de vista educacional. Felizmente, existem muitas pessoas pouco dispostas a aceitar esses julgamentos "superiores" e, assim que se livram das amarras escolares, avançam de acordo com seu próprio estilo e se transformam em grandes sucessos. No entanto, os dotados de menos espírito de independência podem permanecer na cela dos condenados pelo restante de sua vida: "Eu sou disléxico e ponto final — não existe nada que possa ser feito no meu caso."

CUIDADO COM AS MÁQUINAS DE SOMAR

Um sério candidato ao primeiro lugar na lista das coisas que julgamos ser incapazes de aprender é o grande M — a matemática. É preciso lembrar que a matemática foi criada para tornar a vida mais simples, e não o contrário. O dr. Caleb Gattegno criou o conceito dos *Algebricks* ou *Cuisenaire Rods* (o nome varia segundo o fabricante) para demonstrar que a matemática não passa de um simples código. Esses *rods* [bastões] apresentam cores e comprimentos diferentes, de acordo com os números que representam. Por exemplo, os "1" são cubos brancos, os "2" são vermelhos e têm o comprimento de dois números "1" colocados lado a lado, e assim por diante, até 10. Brincando com esses objetos podemos ao mesmo tempo ver e sentir como funciona o conceito dos números. Podemos descobrir como os padrões vêm à luz nos nossos cálculos, de modo que podemos economizar tempo e esforço usando o padrão em vez de fazer a soma.

A apresentação do conceito abstrato de aritmética a um cérebro jovem pode causar uma confusão terrível. Se você perguntar a uma criança "5 + 6 = ?", esta criança pode ser facilmente perdoada caso pergunte a si mesma "5 o que e 6 o que?". A álgebra é muito mais simples de ser compreendida porque é apenas um código com a finalidade de facilitar a vida. "Se houver 5 c(avalos) e 6 v(acas) num pasto, qual será o total de a(nimais) ali presentes?" é uma expressão que pode ser escrita como 5c + 6v = ?a para economizarmos tempo, espaço e esforços.

O processo de raciocínio criativo de Einstein não parece envolver qualquer tipo de matemática: "Nenhuma pessoa realmente produtiva pensa nesses termos de papel." Robert Dilts afirma que se Einstein não tivesse sido capaz de representar matematicamente os frutos da sua imaginação, suas descobertas poderiam ter sido totalmente ignoradas pela comunidade científica. O gênio está à disposição de todos nós, pouco importando em que campo queremos ser criativos. Nós apenas precisamos ser capazes de gostar da codificação da nossa criatividade com a finalidade de impressionar os outros, se for isso o que queremos fazer.

Eu me lembro de uma ocasião em que coloquei *Cuisenaire Rods* no chão para exemplificar uma visita imaginária de um fiscal de impostos a um dos meus clientes que tinha pavor de álgebra, e pedi que ele justificasse a suposta ausência de lucros com objetivos fiscais. Era um problema bastante complexo, com os carnívoros custando tanto para serem alimentados e os herbívoros custando mais no inverno do que no verão, e assim por diante. Depois de o cliente ter conseguido determinar com sucesso suas despesas, e depois de deduzi-las dos seus rendimentos, fiz questão de formular o problema em termos algébricos. Depois de dar uma olhadela, ele declarou: "Sou incapaz de resolver isto!", mas ficou muito embaraçado ao descobrir que, na verdade, já tinha resolvido o problema. E como esse homem dava muito valor às coisas que são facilitadas na vida, a descoberta de que a álgebra servia apenas como esquema para diminuir o trabalho foi um prazer imenso para ele.

Quando usávamos algarismos romanos, não havia um símbolo para o zero e, conseqüentemente, não existia a idéia do menos como sendo inferior a nada; em vez de termos a seguinte seqüência de números, em que o uso do zero como entidade é necessário para o equilíbrio:

-5, -4, -3, -2, -1, 0, 1, 2, 3, 4, 5

tínhamos, isto sim, uma seqüência que representava um conceito palpável, visível:

$$\frac{1}{5}, \frac{1}{4}, \frac{1}{3}, \frac{1}{2}, 1, 2, 3, 4, 5$$

uma idéia com a qual conseguíamos fazer algo, em vez de tentar forçar nosso cérebro a aceitar a idéia do nada e do menos do que nada.

Muitas pessoas encontram dificuldade com o conceito do menos. Para mim, ele sempre foi desprovido de sentido, e a única coisa que eu conseguia associar a ele é o que aconteceria se eu preenchesse um cheque com um valor superior ao total que tinha no banco. Quanto à idéia de que dois sinais de menos equivalem a um sinal de mais...! Por mais desprovido de sentido que o conceito do menos possa parecer, o truque está em se lembrar de que isso não é a realidade, apenas uma forma de raciocínio. Todos os jogos têm suas regras e se quisermos jogar um jogo precisamos aprender suas regras.

O zero veio da Índia e chegou à Europa passando pela Espanha e pelos árabes. Apesar de a Igreja não querer se envolver com a idéia, ela se difundiu porque os comerciantes descobriram que o zero podia facilitar muito seus cálculos. Sua adoção exerceu um grande efeito sobre o pensamento: sobre nós mesmos como indivíduos, sobre a morte como um estado de não-ser, sobre a separação entre o céu e a terra, e pode ter servido para criar a divisão entre a ciência e as artes, onde um lado está em oposição ao outro, em vez de serem considerados como parte integrante de algo contínuo. No seu livro *Sacred Geometry*, Robert Lawlor descreve a colocação do zero antes do número um como um conceito numérico que é filosoficamente enganador. Portanto, caso você tenha dificuldades com o conceito de menos, saiba que está em boa companhia.

Eu me lembro de que um colega predominantemente visual me contou que a matemática era para ele um livro trancado a sete chaves até descobrir a geometria; repentinamente, ele passou a enxergar tudo o que estava sendo feito. Lawlor descreve a geometria antiga como sendo uma metáfora da ordem universal. A geometria é o estudo de algo que já conhecemos num profundo nível subconsciente. Por exemplo, algumas proporções nos agradam, outras não, e provavelmente não temos a menor idéia dos motivos que nos levaram a tomar essas decisões. Diante da escolha entre vários retângulos, quase todas as pessoas optam pelo que se enquadra na "proporção dourada": apesar de nunca poderem ter tomado conhecimento desse conceito. Apenas por prazer e por beleza, tente ler *Sacred Geometry* e descubra tudo o que a geometria realmente é.

IDIOMAS ESTRANGEIROS

Como é que conseguimos aprender nosso idioma natal? Apresentamos aqui algumas sugestões:

- Todos nascemos com uma necessidade de nos comunicar com os outros para podermos sobreviver.
- Nossa atenção sempre esteve voltada para a comunicação, e não para a língua propriamente dita.
- Copiamos o modelo de outros membros da nossa família.
- Usamos o processo de tentativa e erro, até que fôssemos compreendidos.
- Todas as nossas comunicações verbais sempre foram recebidas com orgulho, alegria e encorajamento.
- Estávamos aprendendo num ambiente de segurança.
- Não ficaram nos corrigindo o tempo todo.
- Temos uma compreensão inata da maneira como a linguagem funciona.
- Não fomos obrigados a aprender como conjugar os verbos regulares antes de termos permissão para falar.
- Deixaram que aprendêssemos à nossa própria maneira.

A linguagem é a expressão consciente e inconsciente de uma cultura que se desenvolveu com o passar do tempo. Uma cultura é um sistema dentro de um sistema, e as expressões variam de região para região porque a forma do raciocínio varia de região para região. Em inglês, olhamos para a frente à espera das coisas; em francês, aguardamos por elas com impaciência; em alemão, ficamos satisfeitos com elas; em espanhol, sentimos prazeres antecipados. Estas expressões exemplificam profundas diferenças de raciocínio quanto à maneira como nos relacionamos com o futuro. A linguagem revela detalhes a respeito de quem somos, dos motivos pelos quais dizemos o que dizemos e como dizemos essas coisas; de onde, no nosso corpo, surgem os sons.

O método que eu proponho neste livro, quando aplicado ao aprendizado de idiomas, é um mundo fascinante. Você já aprendeu tantas coisas a respeito dos níveis lógicos e da imitação de modelos que será capaz de fazer milagres usando as poucas dicas que lhe darei a seguir:

- Assuma a identidade um *native speaker*. Isso lhe dará a liberdade dos comportamentos do outro idioma — para fazer coisas, sem nenhum tipo de embaraço, que você normalmente não faria, como gesticular muito.
- Copie o modelo do professor para ingressar assim na fisiologia do idioma; assuma todos os seus movimentos, expressões visuais — tudo; você ficará surpreso com a grande quantidade de informações que poderá captar.
- Faça de conta que compreende tudo: mesmo não compreendendo tudo no começo, você o fará quando a pessoa terminar de falar — todos estamos nos repetindo inúmeras vezes o tempo todo.
- Diga a palavra no seu idioma ficando parado num lugar; depois, coloque-se em outro lugar e repita a palavra no outro idioma. Observe as diferenças que irá sentir. De que ponto do seu corpo cada uma dessas palavras emerge? Qual é a sensação provocada por cada uma dessas palavras?
- Divirta-se!
- Explique à sua mente consciente o que você pretende fazer e, como ela sem dúvida ficará muito entediada com toda essa frivolidade, pergunte-lhe se não gostaria de uma folga, dedicando-se a outras coisas enquanto você estiver brincando com o outro idioma, sabendo que ela poderá voltar, assim que você sentir necessidade dela.
- Lembre-se: você está se comunicando. Qualquer outra coisa deixa de ser relevante.

CIÊNCIA

No que me dizia respeito, as ciências representavam um fardo total e completo; a cultura popular decretava que era impossível interessar-se ao mesmo tempo por idiomas e por ciências. Foi somente depois de ler *The Tao of Physics** e *The Dancing Wu Li Masters,* que consegui compreender o fato de que é impossível fazer uma distinção entre as artes

* *O Tao da Física*, publicado pela Editora Cultrix, São Paulo, 1980.

e as ciências. Nos velhos tempos, quando se fazia a pergunta "Você acredita em Deus?", a resposta mais ouvida era: "Claro que não — eu sou um cientista." Nos dias de hoje, quando se faz a mesma pergunta, podemos ouvir como resposta: "Claro que sim — eu sou um cientista."

Se nas aulas de biologia meus professores tivessem me explicado coisas a respeito do líquen, eles realmente teriam conquistado a minha atenção porque, para mim, o líquen é a mais maravilhosa de todas as criações. Ele é monocelular, exatamente como a ameba, e quando o tempo está bom, cada uma dessas células se ocupa com seus próprios assuntos e faz suas próprias coisas. Porém, quando o tempo está ruim, milhões dessas células se juntam e se transformam numa única criatura que parte em busca de alimento; isso significa que apenas as células da superfície são expostas ao rigor das intempéries, ao passo que os milhões de células interiores ficam protegidos. Caso essa nova criatura não descubra um suprimento alimentar, ela se transforma em outra coisa — desta vez, em algo semelhante a uma planta — com um funil, através do qual esporos podem escapar para serem levados pelo vento a fim de garantir a sobrevivência da espécie. E ainda dizem que o líquen é uma das formas inferiores de vida!

Eu acho que o que mais me entediava na educação era a idéia de que tínhamos de passar a maior parte do tempo fazendo pequenas coisas realmente inúteis, porque outros achavam que não éramos suficientemente inteligentes para captar um conceito mais amplo. Einstein afirmava que a "totalidade da ciência nada mais é do que um aprimoramento do raciocínio do dia-a-dia", e ele mesmo raciocinava primariamente em termos de imagens visuais e de sensações, usando palavras apenas quando precisava se expressar. Ele descreveu esses processos como "uma brincadeira bastante vaga", "uma brincadeira combinatória" e "uma brincadeira associativa", do que podemos deduzir que ele se divertia bastante com o que fazia. Se para você a ciência continua sendo um livro lacrado, lembre-se de que há inúmeros cientistas por aí querendo ser compreendidos. A ciência apenas é uma maneira diferente de se pensar sobre a vida, sobre o universo e sobre todas as coisas.

A CAPACIDADE DE MEMORIZAR E DE ESTUDAR

O *Brain Book* de Peter Russel e os títulos *Mind Skills* e *The Alpha Plan* de David Lewis estão repletos de informações sobre os mecanismos do cérebro e de como devemos agir para conseguir o melhor aproveitamento do equipamento que temos à nossa disposição. Tony Buzan, autor dos livros *Use Your Memory* e *Make the Most of Your Mind*, especializou-se em questões referentes à memória. Todos esses livros são divertidos e estão repletos de excelentes idéias.

ASSUNTOS QUE SUPOSTAMENTE NÃO SÃO SÉRIOS

Há um farto material bibliográfico com que você pode se divertir, principalmente se você nunca teve a oportunidade de se dedicar a alguma dessas formas de aprendizado não-acadêmico, ou se achava que era um caso sem esperanças em algum ou em vários desses tópicos. E se você acha chocante que o comodismo é apenas um desperdício, de tempo, pergunte a si mesmo se Leonardo da Vinci teria sido um cientista melhor se não tivesse sido também um artista, e se ele teria pintado melhor caso não tivesse desperdiçado tanto tempo com assuntos científicos.

Caso você queira aprender a desenhar, leia os livros de Betty Edwards. Minha professora de educação artística derramou lágrimas de contentamento quando eu desisti do curso de desenho na escola; atualmente eu me maravilho de ver o que sou capaz de produzir e sei que seria capaz de melhorar cada vez mais se dedicasse mais tempo ao assunto.

Joseph O'Connor, Mickey Hart, Tim Gallwey e Don Campbell ajudarão você a descobrir novos mundos no setor dos sons. Você também pode copiar o modelo de Mozart usando a monografia de Robert Dilts intitulada *Wolfgang Amadeus Mozart: Songs from the Spirit*.

No campo esportivo, leia Tim Gallwey para encontrar dicas referentes ao tênis, ao esqui e ao golfe; Mary Wanless para a equitação; Thomas Crum para o aikidô e John Whitmore para automobilismo e iatismo. *Juggling for the Complete Klutz* de John Cassidy e B.C. Rimbeaux pode ser encontrado juntamente com as bolas necessárias nas lojas de brinquedo, e o refinado método Grinder para aprender a fazer prestidigitação está contido em *Turtles all the Way Down* de Judith De Lozier e John Grinder.

Uma Pausa para Pensar: Sobre os "Mais Velhos e Melhores"

Pôr a culpa nos outros é algo maravilhoso! Isso serve para fugir às grandes responsabilidades. Adão responsabilizou Eva e Eva responsabilizou a serpente. Se eu soubesse ontem o que eu sei hoje... nem Deus sabe os danos que posso ter causado aos meus filhos em momentos de irritação, de raiva, de exaustão, e assim por diante. No entanto, eles sobreviveram e cada um assumiu o comando de sua própria vida. E imagino o que aconteceria se todos os moradores do mundo resolvessem assumir a responsabilidade por todas as suas ações, por todas as coisas que aprenderam e pelo seu próprio futuro.

Os "mais velhos e melhores" sempre agem da melhor maneira. Eu acredito que os pais sempre querem o que há de melhor para seus filhos e, acima de tudo, não querem ver seus filhos cometendo os mesmos erros que eles mesmos cometeram no passado. Quando os bebês nascem, eles são totalmente vulneráveis e precisam ser protegidos dos efeitos de um mundo aparentemente frio e cruel; e alguns de nós acabamos sendo tão condicionados a proteger nossos filhos que o fazemos durante muito mais tempo do que seria recomendável a eles — ou, pensando bem, a nós mesmos.

Meus pais já morreram há muito tempo, mas eu continuo esperando que um deles apareça para me dizer que minha idéia mais recente não é boa porque: "o que as pessoas irão dizer?" "Você poderá se envolver em dificuldades muito maiores do que imagina." "Isso poderia ser interpretado como..." — qualquer coisa equivalente ao bicho-papão em voga.

Atualmente, sei que todas essas atitudes tinham como motivo o simples fato de eles se importarem comigo; eles se preocupavam com tudo o que acontecia comigo. É bem verdade que, na época, eu ficava furiosa com isso, mas eles estavam fazendo o que julgavam ser o melhor, tomando por base as opções muito limitadas que tinham à sua disposição. Eles mesmos tinham sido criados num estilo de educação rígido e extremamente vitoriano; essa era a única forma que conheciam e era assim que se imaginava que as coisas "deveriam" ser.

E quando pensamos a respeito de todos os que ocupam posições de autoridade com relação a nós; quando pensamos nos sentimentos de falta de adequação com os quais todos sofremos; quando consideramos de que modo pessoas que se preocupam podem preparar o "sangue novo" para os rituais de iniciação, podemos compreender uma série de idéias do tipo "Mantenha o controle, caso contrário, os *outros* acabarão levando todas as vantagens."

Conscientemente ou não, os adultos percebem que os jovens são capazes de enrolá-los quando quiserem. A Lei da Variedade Necessária na cibernética (o estudo dos sistemas) afirma que a parte mais flexível de qualquer sistema é aquela que sobrevive por mais tempo; e os jovens sempre sabem como fazer para ter uma flexibilidade infinita. *Os "mais velhos e melhores" não se sentem menos inadequados do que as outras pessoas* — eles apenas necessitam se proteger, exatamente como ocorre com todos os mortais comuns, como você e eu.

As crianças têm um senso moral altamente desenvolvido; elas também têm um senso altamente desenvolvido de disciplina. Apesar de eu concordar que as idéias delas quanto ao nível sonoro e quanto à quantidade de energia empregada nem sempre correspondam às nossas, não acredito que qualquer criança possa ser deliberadamente má. Elas são capazes de fazer coisas terríveis, mas desconfio que isso apenas faça parte da curiosidade natural delas — da sua filosofia experimental do tipo "eu me pergunto o que aconteceria se..." — ou que sirva para satisfazer uma necessidade inconsciente de autoproteção, ou para fazer com que elas se sintam melhor.

À proporção que crescemos, vamos ficando cada vez mais atados e presos pelas "boas maneiras"; as questões pessoais não são bem vistas; as questões que os "mais velhos e melhores" não são capazes de responder também não são bem vistas, e as inúmeras perguntas sobre os "porquês" das coisas são consideradas apenas como "um motivo a mais para a irritação". Uma professora encarregada de cuidar de crianças dotadas de uma curiosidade insaciável pode se sentir muito pouco à vontade quando lhe fazem todas essas perguntas e, conseqüentemente, pode ter medo de que as crianças estejam levando a melhor, podendo fazer tudo o que estiver ao seu alcance para acabar com essa curiosidade exagerada antes que as coisas acabem escapando a qualquer tipo de controle.

Mentores, Metáforas e Modelos

MENTORES

Quando o jovem Telêmaco partiu em busca de seu pai, Ulisses, ele contou com a companhia de Minerva, a deusa da sabedoria, que assumira forma humana na figura do seu amigo Mentor para lhe servir de guia, sábio conselheiro e amigo fiel. Todos nós podemos dispor desse tipo de apoio criando nossos próprios mentores.

A grande vantagem dos mentores está no fato de você poder conservá-los em sua mente, onde ficam sempre disponíveis para quando você necessitar deles. Certa vez, fiquei enfurecida com outra pessoa. Furiosa comigo mesma por ter deixado que isso acontecesse, decidi ligar para Ian Mc-Dermott, pedindo que ele me ajudasse a colocar as coisas em ordem; mas, como fui mesquinha demais para pagar pelo telefonema, evoquei o seu nome mentalmente. E lá estava ele, com a cabeça ligeiramente inclinada para o lado, sorrindo gentilmente, e depois balançando a cabeça e dizendo: "Diana, *quem* está realmente comandando o seu cérebro?" E era exatamente isso! O problema simplesmente foi resolvido.

Como os mentores, sempre tenho um cavalo e um cachorro à disposição. O tipo de cavalo depende dos recursos dos quais estou precisando no momento — todos eles sempre têm graça, elegância, força, bondade e generosidade — mas, às vezes, preciso de mais velocidade, resistência, coragem, humor, divertimento ou flexibilidade. O cachorro é um de três amados cães de caça de pêlo liso. Esses cães nunca têm problemas: pedem quando querem atenção, sempre se mostram alegres, são especializados em aproveitar a vida, e não crescem nem ficam rabugentos.

Para me dar coragem, cavalga ao meu lado Jean-Louis Guntz, um oficial do mundialmente famoso Cadre Noir (os instrutores da Escola Francesa de Equitação, que são o máximo da elegância, com seus uniformes negros). Quando moramos na França, em dias de muita sorte, eu o encontrava exercitando seu cavalo e ele me colocava sob a sua proteção, e nós nos divertíamos muito, saltando sobre sebes e cercas. Certo dia, Jean-Louis me perguntou se eu já tinha saltado sobre uma cerca de aspecto particularmente assustador fora da estrada, despencando numa ribanceira lamacenta e em direção a um lugar muito escuro. Quando eu lhe disse que nunca fizera tal coisa, ele exclamou: "Então vamos!" Era evidente que se tratava de um problema de comunicação, de modo que lhe expliquei detalhadamente que o motivo pelo qual nunca tinha dado um salto daqueles era o fato de eu não querer fazê-lo. A única coisa que ele respondeu foi: "*Vous allez voir! Vous allez voir!*" E, realmente, a coisa não foi nem de longe tão assustadora quanto parecia. Depois de saltarmos para um buraco escuro, saímos do outro lado, perto de um barranco muito iluminado. Na verdade, era tão excitante que passei a dar aquele tipo de salto também quando estava sozinha, apenas para me divertir. Jean-Louis continua ao meu lado até hoje, dizendo: "Você vai ver! Você vai ver!" — sempre que não quero tentar alguma coisa porque, aparentemente, essa coisa é desagradável.

Sobre a minha mesa, tenho uma foto de John Grinder tocando calimba na praia de Santa Cruz. John é minha corda salva-vidas. Ele está sempre presente na minha mente quando preciso dele para me tirar de situações difíceis e para responder perguntas.

Tenho também um desenho do rosto de Gregory Bateson, que nunca conheci pessoalmente, feito por Robert Dilts. Ele está à disposição para manter meu pensamento no rumo certo e para me lembrar das perguntas que devo formular. Robert fica à minha esquerda, a cabeça ligeiramente inclinada, sorrindo e esperando que eu mesma responda uma pergunta que acabei de lhe fazer. Todd Epstein fica atrás de mim, com uma das mãos nas minhas costas para que eu possa sentir sua força, seu calor humano e seu riso, ou então fica sentado numa cadeira de espaldar alto, sorrindo tranqüilamente para si mesmo, com a aparência do mais amável dos lobos, esperando sempre pelo momento ideal para deixar cair sua bomba ou sua pérola de sabedoria. Todd é o mentor encarregado de me indicar o momento oportuno para eu fazer algo. Judith DeLozier simplesmente *está* presente, *sendo* ela mesma, porque esse é o estilo dela: tudo nela está relacionado com o *ser*. Sobre minha mesa existe ainda uma foto de uma sequóia gigante que ela me mandou. A sequóia é uma árvore imensa que, apesar do seu sólido tronco, precisa mostrar o máximo em termos de flexibilidade na maneira de crescer, de proteger e de se propagar para poder se tornar a árvore mais alta do mundo e de maior tempo de vida.

Um cliente estava apavorado com a possibilidade de estar enlouquecendo: ele tinha o costume de conversar com sua falecida esposa, sempre que ficava em dúvida quanto a alguma coisa. Envolvi-me imediatamente com isso, porque o falecido Errol Prior-Palmer (pai de Lucinda Green, a respeito de quem falarei mais adiante) continua muito presente ao meu lado, principalmente por causa de sua força, de sua sabedoria, de seu riso e de seu aguçado senso de ridículo, e quando necessito de sua ajuda, nunca hesito em procurá-lo.

E também tenho Placido Domingo atingindo notas agudas, conseguindo levar minha mente e meu corpo a um estado completamente diferente. O som da sua voz é tudo o que necessito, mas, quando resolvo ser indulgente comigo mesma, eu o vejo montado no seu cavalo da Andaluzia, galopando à luz da manhã (eu sei que essa é uma cena de *Cavalleria Rusticana*), e consigo sentir o aroma do orvalho e me envolvo por completo.

Toda pessoa fictícia ou real está à sua disposição como mentor, de Shakespeare a Sherlock Holmes. Quando estiver em dúvida, convoque um especialista e você ficará impressionando com tudo o que poderá aprender; passeie e bata papo com Aristóteles pelos caminhos sombreados em torno da Academia; dance com Rudolf Nureyev ou com Margot Fonteyn; cante o dueto de *The Pearl Fishers* [*Os Pescadores de Pérolas*] com Placido Domingo; transforme-se no Gordo (Hardy) ou no Magro (Laurel) e divirta-se com as confusões nas quais irá se meter; cavalgue num raio de luz com Einstein; desenhe, pinte ou invente na companhia de Leonardo. Tudo está à disposição através do inconsciente coletivo, e a única coisa que você precisa fazer é deixar que as coisas das quais necessita estejam presentes para você.

Você pode se perguntar “O que Fulano ou Sicrano diria ou faria se estivesse nessa situação?” Em seguida, coloque-se na posição dessa pessoa, exatamente como fez na primeira experiência de cópia de modelo, quando você se “tornou” uma outra pessoa, e descubra a resposta desejada. Ou então, ligue para o seu mentor num telefone imaginário e lhe faça perguntas. Ou ainda, invente algo completamente diferente, que seja ainda mais eficiente no seu próprio caso.

METÁFORAS

Pensar por metáforas é um modo muito útil para reorganizar a confusão na qual nos metemos ao embaralhar os níveis lógicos de pensamento; por exemplo, quando ficamos confusos entre o comportamento e a identidade. Para ilustrar, penso nas pessoas como gatos e cachorros. Sou um cachorro e me aproximo das pessoas abanando o rabo. Mas nem todos gostam de cachorros; esses animais podem ser intimidantes, e um cão de grande porte abanando o rabo na altura da mesinha de centro pode causar muita confusão. Ter consciência da reação das pessoas diante de cachorros faz com que eu me conscientize mais das reações delas com relação a mim mesma. Os gatos, por outro lado, são mais auto-suficientes e geralmente se contentam com ficar sentados, a cauda enrolada nas próprias patas, esperando que os outros dêem início a qualquer atividade. Portanto, quando alguém não reage de acordo com o entusiasmo que demonstro abanando minha cauda, isto não ocorre necessariamente porque não gostam de mim; afinal, quando um gato começa a estender sua cauda está na hora de se prestar muita atenção.

Em outras ocasiões, sou o elefantinho de curiosidade insaciável descrito por Kipling, e sei perfeitamente bem que um pequeno elefante é algo muito incomum de se encontrar no escritório ou durante uma festa; além do mais, por menor que seja, um elefante sempre é muito pesado e possante. E quando o pequeno elefante meteu sua tromba num assunto referente ao crocodilo, as conseqüências foram muito dolorosas, se bem que o resultado final foi uma tromba muito útil. Essa metáfora também serve para me lembrar de que antes de avançar despreocupadamente por territórios desconhecidos, eu preciso ter a certeza de que minhas três outras patas estão plantadas em terra firme.

James Pritchard da The Driving Business, treina os motoristas da empresa ensinando-lhes a melhor maneira de evitar acidentes. Ele me pediu uma metáfora de mim mesma como motorista, e eu realmente tive de pensar. Eu sabia que via a estrada como um canal e a minha rota, e tudo o que se encontrava sobre ela, como água corrente. Eu seria um peixe? Não, essa imagem não funcionaria, porque imediatamente eu via a imagem de uma truta nadando rio acima, contra a correnteza, e isso, definitivamente, nada tinha que ver comigo. Posteriormente, acabamos chegando à conclusão de que eu era apenas água, acompanhando o fluxo da corrente. James se pergunta sobre quão eficientes são os leões, os tigres e os touros quando o tema em pauta é a segurança deles mesmos e das outras pessoas. O treinamento dele é tão eficiente, que as empresas de seguros estão fornecendo descontos a frotas cujos motoristas passaram algum tempo com ele.

Robert Dilts e Todd Epstein desenvolveram a metáfora do "peixe" na sala de treinamento a partir do estudo realizado por Gregory Bateson a respeito do treinamento de golfinhos. Os golfinhos eram recompensados, quando faziam algo certo, com um assobio e um peixe: esse era o peixe "tarefa". Em intervalos irregulares, os treinadores davam aos golfinhos um peixe não merecido sem soprarem o apito — era um peixe "relacionamento". Esse conceito foi desenvolvido depois de os golfinhos terem entrado em greve, recusando-se a fazer qualquer coisa quando o treinamento era orientado apenas pelas tarefas. Robert e Todd têm um "aquário" repleto de diferentes imagens de peixes coloridos: peixes dourados, peixes-estrela, peixes-anjo, peixes-espada. Quando alguém faz algo de que você gosta, você escreve o elogio no peixe escolhido e o entrega a essa pessoa. Durante nosso curso de treinamento de treinadores, 40 de nós receberam mais de 3.000 peixes, o que significa, em média, 75 reforços permanentes para cada aluno por coisas que tinham sido bem feitas (em três diferentes sistemas: algo para ser visto, palavras e algo para tocar).

As metáforas e histórias são uma excelente maneira de se transmitir uma mensagem sem interferir no modelo que alguém possa ter do mundo, de se fazer sugestões sem dizer o que a outra pessoa deve fazer. Conte-me uma história, e posso aceitá-la ou não. A mente consciente gosta de fatos e pode achar que dar atenção a algo tão pouco substancial quanto uma mera história está abaixo de sua dignidade; conseqüentemente, ela irá se afastar, deixando o inconsciente livre para se beneficiar da imagem sem nenhuma interferência exterior. O inconsciente dispõe de um potencial infinito para mudar as coisas de um lado para o outro, até que elas lhe agradem: apesar de podermos não ter uma madrasta malvada e duas irmãs horríveis, podemos chiar com o tratamento dado à borralheira, sentindo-nos pouco adequados, indo ao baile, encontrando um príncipe maravilhoso, perdendo a noção do tempo e tendo de voltar para casa correndo.

Podemos encontrar metáforas em toda parte. Por exemplo, uma xícara de chá pode servir de metáfora para qualquer coisa, desde "você é bem-vindo" a "entre, fique à vontade, relaxe e vamos bater um bom papo".

Minha metáfora para minha mente consciente, o hemisfério esquerdo do cérebro, o Eu 1, é Sir Humphrey Appleby. Caso você tenha assistido a *Yes, Prime Minister*, ou a *Yes, Minister*, quando ele ainda era apenas Mr. Appleby, você sabe que ele deixou de ser apenas um importante funcionário público para chegar aos píncaros do Gabinete e para a chefia do Serviço Civil. Sir Humphrey apresenta muitos tipos de comportamento, de crença e de valores dos quais podemos não gostar, mas ele certamente não chegaria à posição que ocupa atualmente se não fosse capaz de organizar as coisas de forma apropriada. Sir Humphrey faz com que eu vá do ponto A ao ponto B no horário certo, organiza minha agenda, faz todos os meus trabalhos burocráticos, cumpre prazos e marca reuniões com as pessoas certas. Houve um tempo em que ele se recusava a manter qualquer contato com minha mente inconsciente por não ter sido apresentado a ela e, conseqüentemente, achava que o meu inconsciente estava abaixo de sua própria dignidade. Agora, eles colaboram de forma brilhante — freqüentemente com base em que "é preciso saber"; em outras palavras, eles nem sequer me contam o que está acontecendo porque sabem o quanto eu sou mandona, e também porque eu provavelmente acabaria interferindo. Eles formam uma equipe tão bem entrosada e afinada, que eu os deixo a cargo dos cuidados referentes ao dia-a-dia de minha vida.

Quando comecei a me envolver no estudo da Programação Neurolingüística (PNL), fui procurar um praticante local. Quando saí de casa, sentia uma dor aguda na têmpora esquerda; perguntei o que estava acontecendo, e lá estava Sir Humphrey afirmando que essa visita não era uma boa idéia. Eu prometi que cuidaria muito bem dele e a dor passou. Quando cheguei lá, contei ao praticante as preocupações de Sir Humphrey. Ele reagiu com um gesto de desprezo com a ponta dos dedos, dizendo: "Ele é apenas um ninguém, um funcionário; dê-lhe uma pilha de papéis para arquivar e isso o manterá quieto." Eu fiquei furiosa! Não se trata um importante funcionário público dessa maneira, e muito menos ainda um secretário de Gabinete. Eu espero que cada parte da minha mente sempre seja tratada com todo o respeito e atenção, porque sei que todas elas estão sempre funcionando para garantir meus melhores interesses — não é de se espantar que o pobre Sir Humphrey não tivesse querido me acompanhar.

Escolha metáforas que funcionem para você. Algumas pessoas odeiam a cerca eletrificada que instalei para minha proteção por não gostarem da idéia de pessoas levarem choques. Mas a coisa funciona para mim, uma vez que não acredito na existência de muitas pessoas que me desejem mal e, caso haja pessoas assim, um pequeno choque as alertará de forma útil para que mantenham distância e para que pensem duas vezes antes de prejudicarem alguém. Algumas pessoas preferem escudos transparentes à prova de balas, mas isso me causaria claustrofobia e eliminaria todos os contatos físicos dos quais sinto necessidade. Outras pessoas preferem cercas de arame farpado; eu não me coloco entre elas porque sempre penso na possibilidade de tétano. Outros se consideram os "gatilhos mais rápidos do oeste", mas eu não suportaria a tensão de ficar num estado de alerta perpétuo, 24 horas por dia. Há luzes, cores, campos de força, cataratas, cães policiais: você dispõe de uma infinidade de opções quando quiser escolher uma metáfora para sua proteção e descobrir algo que funcione perfeitamente no seu caso. O truque está em garantir que aquilo que você quer se enquadre na metáfora, em vez de alterar a metáfora de algum modo para que ela se encaixe nas suas necessidades; nesse caso, você saberá que ela realmente irá funcionar no seu caso. Por exemplo, se eu tivesse optado por ser um peixe na correnteza, eu ficaria permanentemente preocupada com a necessidade de nadar rio acima (causando frustrações e agravos), de me segurar contra a corrente (um trabalho excessivamente difícil) ou de ser eventualmente levada ao mar (sem que eu quisesse ir até lá).

Uma amiga minha estava trabalhando com um homem que conseguia enlouquecer todos os seus colegas com sua paixão mais recente: a Administração da Qualidade Total. "É a minha religião!", anunciava ele, com orgulho. "Não me diga", comentou Nelda, com tranqüilidade. "Isso significa que você está preparado para morrer por isso?" Essa simples pergunta causou o desmoronamento total da metáfora, e ele compreendeu que havia escolhido algo que não era adequado. Atualmente, ele adotou uma coisa mais apropriada e a empresa dispõe de um sistema de Administração da Qualidade Total que todos podem aproveitar.

Depois de ter escolhido alguma coisa, teste-a e verifique como ela funciona: talvez ela seja perfeita; talvez, à medida que a for usando, você perceba mais detalhes dos quais necessita. Você pode modificá-la da maneira quc quiser, revê-la, aumentar ou diminuir seu tamanho e seu peso e assim por diante. E você também pode escolher outra coisa completamente diferente, até encontrar o que funciona no seu caso, com todos os recursos dos quais necessita. Em termos de metáfora, minha pergunta final é a seguinte: "Como é que você se vê como alguém que aprende?" Conforme já contei, eu sou uma lontra e me divirto muito aprendendo com brincadeiras, e também sou um pequeno elefante dotado de uma curiosidade insaciável. Se lhe faltarem idéias, talvez seja bom consultar *Medicine Cards,* de Jamie Sams e David Carson, à procura de inspiração. Se quiser optar por uma criatura viva, esse livro pode lhe fornecer muitas idéias boas.

MODELOS

Eis aqui uma oportunidade para você descobrir por conta própria o que ocorre com uma série de pessoas cujo sucesso parece se originar de partes particulares dos seus mecanismos de aprendizagem: Sir John Harvey-Jones geralmente é descrito como um visionário; Terence Stamp tornou-se um mago com as palavras; Lucinda Green é bem-sucedida com cavalos; o gênio de Adam Palmer está no campo do paladar e dos aromas; David Edwards é capaz de fazer cálculos mentalmente — ou uma combinação de dois sistemas; Colin Reeve combina o mundo cinestésico do karatê com o mundo cerebral da consultoria administrativa; Catherine Harman dedicou-se com afinco à conquista de sucesso no esporte e em jogos até consegui-lo, combinando isso com seu senso estético na restauração arquitetônica; Judith DeLozier trouxe suas experiências dos mundos da dança e da antropologia para o mundo técnico e estruturado da Programação Neurolingüística. A única qualificação para a seleção como modelo é que cada um deles conseguiu atingir o topo no seu respectivo campo. David e Judy têm diplomas universitários; os outros não têm nenhum título acadêmico. Terence se descreve como o produto de duas dinastias da classe trabalhadora e Colin continua pensando em si mesmo como um ferramenteiro de 15 anos de idade.

A finalidade desse exercício é fazer com que você descubra a estrutura daquilo que nós, como pessoas que estão do lado de fora, consideraríamos um sucesso. Não tem importância quem sejam essas pessoas, nem quais sejam os seus campos de atividade: você está procurando a estrutura, não o conteúdo. Como é que elas pensam a respeito do que querem fazer? O que elas acreditam quanto a si mesmas e quanto à vida em geral? O que estão fazendo em relação ao planeta? Algumas das coisas que elas dizem podem parecer uma grande bobagem para você; nesse caso, o truque consiste em perguntar a si mesmo que mudanças ocorreriam no seu interior caso você resolvesse dizer o mesmo tipo de coisas. Eu estava contando a um amigo sobre as bonecas russas de Colin, e ele comentou que nunca tinha ouvido tamanha bobagem em toda a sua vida — o tal homem teria de ser um idiota completo. Esse amigo tem uma visão tão concreta do seu próprio modelo de mundo que não consegue conceber a possibilidade de que alguma outra pessoa não seja exatamente como ele é. Sua estratégia consiste em comparar o resto do mundo consigo mesmo e concluir que lhe faltam coisas, em vez de se comparar com o resto do mundo — e aprender alguma coisa com isso. Eu me pergunto o que você descobrirá sobre si mesmo quando se comparar e contrastar o que os modelos dizem a respeito de si mesmos com tudo o que você mesmo vê, ouve e sente em situações específicas.

Providencie uma série de canetas hidrográficas de cores diferentes e inicie uma caça lingüística, usando uma cor para palavras e expressões visuais, tais como “olhe”, “deixe-me ver”, “está claro”, “é brilhante”, “ponto de vista”, “perspectiva”. Use outra cor para expressões auditivas, tais como: “isto me soa...”, “ouça!”, “isso é consoante com o que queremos”, “harmonia”, “música para meus ouvidos”, “algo me diz que...”. E uma outra cor para sentimentos e sensações: “liso”, “suave”; “agarrar”, “segurar”, “tocar”, na posição de outra pessoa, “áspero”, “ser impelido por alguma coisa ou atraído para alguma coisa”, e assim por diante.

Como é que os modelos pensam a respeito do tempo? Eles estão orientados para o passado, para o presente ou para o futuro?

Como é que eles pensam sobre outras pessoas? Aprender é uma questão de “tarefa” ou de “relacionamento”? Como é que eles encaram os erros? Como direcionam suas vidas, ou será que dependem de outras pessoas que façam isso por eles?

Quanto tempo eles gastam na primeira posição, tomando conhecimento das coisas que estão dentro deles mesmos? Quanto tempo ficam na segunda posição, ou seja, vendo as coisas pelos olhos dos outros? E quanto tempo ficam na terceira posição, afastados da situação? Se você realmente quiser fazer um trabalho sério, pode usar o *Jungle Gym* de Robert e Todd, que separa os diferentes níveis lógicos, marcando os espaços para o tempo e as diferentes posições que assumem.

O que todos os meus modelos têm em comum? Quando você tiver descoberto os padrões, talvez seja divertido fazer um pouco de modelagem — com pessoas que também encontram dificuldades em aprender, para que você possa descobrir as diferenças que fazem a diferença entre os superdotados para o aprendizado e os que não são superdotados para isso. A única coisa que você terá de fazer é formular-lhes as mesmas perguntas que fiz em todos os diferentes níveis lógicos, dando atenção particular às suas crenças a respeito de suas próprias capacidades.

David Edwards

David é um corretor aposentado da Lloyds que ganhou dinheiro enquanto os outros foram à bancarrota — graças ao simples expediente de ser um homem honesto capaz de fazer cálculos.

Onde e quando ele aprende

Pela manhã. É outra faceta do envelhecimento: eu acho que o cérebro se cansa. Por outro lado, numa noite dessas, eu estava disputando uma partida bastante boa de *bridge* às três da madrugada, mas isso é algo que me interessa — provavelmente o fator realmente decisivo. Vez ou outra, a gente se lembra de algo que nos foi dito: uma pérola de sabedoria que, de algum modo, adere ao nosso cérebro.

Onde e quando ele não aprende

Quando a coisa é formulada em palavras que não compreendo, eu nem ao menos procuro aprender. Quando se trata de algo que me deixa entediado, eu simplesmente fico "desligado". À medida que se vai envelhecendo, outra ocasião em que você "se desliga" é quando você ouve apenas metade das coisas; à medida que se vai ficando surdo, nada é mais irritante do que pegar apenas uma parte da conversa — muito mais fácil é "se desligar" de tudo.

O que ele aprende

Eu não acredito que nessa idade se aprenda muita coisa. Eu acho que nosso cérebro atinge seu ponto culminante por volta dos 21 anos de idade; depois disso, os poderes mentais vão se deteriorando, mas, em compensação, a experiência aumenta, até que se atinja mais ou menos a minha idade: tudo é experiência e nada é cérebro.

Caso você se interesse por isso, aprender não é um esforço; quando a coisa não lhe interessa, acho que você nada aprende. Eu aprendo coisas referentes aos temas que me interessam. Eu costumo ler muito: alguma coisa a gente sempre assimila.

O que ele não aprende

Nada que me deixe entediado. Eu não sei se é preguiça ou não, mas coisas complexas são coisas que se revelam impossíveis de dominar com a idade.

Pergunta: Nós nos tornamos mais seletivos quanto ao que aprendemos?

Sim. Ninguém quer se preocupar em aprender muita coisa. Quem haveria de querer aprender detalhes burocráticos ou coisas desse tipo? E quando não se preocupam em apresentar as idéias em inglês, para que se esforçar para a leitura? Freqüentemente, eu me pergunto quanto as pessoas realmente compreendem; ou se não passam de um bando de pessoas interessadas apenas em tagarelar. Suas palavras nada significam: eu olho para elas, e elas continuam não tendo nenhum significado. Eu tenho uma teoria, segundo a qual quase todas as coisas podem ser descritas numa linguagem simples e, quando se vai além da linguagem simples, quem explica ou está disfarçando sua própria ignorância ou então está tentando nos confundir.

David teve formação clássica, e sabe de cor as raízes de quase todas as palavras formais em inglês, de modo que um burocrata capaz de deixá-lo confuso seria capaz de fazer o mesmo com qualquer pessoa.

Eu tenho uma mente extremamente curiosa. Até certo ponto, sempre achei que coisas como a matemática eram extremamente fáceis. Na escola, no curso de matemática avançada, eu entendia cerca de 98% — eu simplesmente entendia tudo aquilo, de modo que era preciso fazer apenas algumas anotações. Depois, havia uma área bem mais elevada da matemática — era algo quase filosófico — e isso, como todas as coisas associadas à filosofia, era um livro lacrado para mim. Eu era incapaz de compreender uma única palavra sequer.

Pergunta: Como é que você sabia que tinha conseguido compreender alguma coisa?

Eu sabia que não tinha conseguido compreender porque tudo era uma imensa folha de papel em branco. Para compreender algo, é preciso que esse algo seja assimilado e que a pessoa perceba seu sentido. Quando você não compreende, você não absorve coisa nenhuma — a não ser que você seja como um papagaio. Tudo fica como um nevoeiro e simplesmente some pela janela — é nada. Quando eu entendo alguma coisa, todos os detalhes se encaixam.

Eu tenho uma teoria que, na minha opinião, provavelmente está longe de ser válida, de que não se deve sobrecarregar a própria mente com coisas inúteis: essas coisas apenas acabam ocupando espaço que poderia ser usado para coisas mais valiosas. Pode ser e eu desconfio que seja — uma desculpa para não se aprender as coisas que não se quer aprender.

Meus tempos de escola foram muito fáceis; tudo chegava até mim com muita facilidade. Por esse motivo, eu logo me entediava. Certa vez, escrevi para casa dizendo que estava entediado e acabei levando uma grande bronca da minha mãe — uma senhora muito sensata, para quem "o tédio é um hábito mental e depende inteiramente de você ficar entediado ou não".

Minha carreira no serviço militar foi, digamos, igual a qualquer outra. É engraçado, eu sempre me lembro dos meus fracassos, nunca dos meus sucessos; eu sempre me lembro de pequenos fracassos que as outras pessoas nunca notaram, mas não culpo os demais por eles; eu sempre acho que a culpa foi exclusivamente minha.

Como ele aprende

Lendo, por meio de outras pessoas, dizendo a mim mesmo: "isto faz sentido — engraçado eu nunca ter pensado nessa possibilidade antes" e me lembrando dessas coisas. Eu não faço qualquer esforço consciente para me lembrar das coisas — eu simplesmente me lembro delas, procurando voltar aos princípios básicos, mantendo a mente aberta, sendo consciente e honesto comigo mesmo, formulando as perguntas certas, chegando a conclusões a partir de evidências — sempre levando em consideração a possibilidade de estar errado.

Quanto mais se procura, tanto mais difícil se torna encontrar a realidade — principalmente no que diz respeito à história militar: as batalhas que não foram bem-sucedidas aparentemente nem aconteceram. Quando se encontra pessoas com as quais se esteve na guerra, tem-se a impressão de que elas se recordam de coisas totalmente diferentes.

Como fazer para ter a mente aberta? Questionando o tempo todo: só os muito burros têm muita confiança e mantêm sua mente fechada. É tudo uma questão de ter palpites e de avaliar as possibilidades. Houve coisas com as quais convivi durante 30 anos e que sempre encarei com muita desconfiança, principalmente por nunca ter me dado ao trabalho de descobrir mais detalhes a seu respeito. Como corretor, eu estava sempre lidando com coisas que não compreendia; uma parte do meu trabalho consistia em ouvir histórias e com bastante freqüência as pessoas acabam mudando de opinião.

Como ter consciência das coisas? Bem, eu tenho antenas bastante boas, como os bigodes de um gato. A gente sente coisas pelo tom da voz, da linguagem corporal (é assim que eles dizem), tendo consciência dos sentimentos das outras pessoas.

Tive uma forte impressão, enquanto ele descrevia isso, de que todos os seus sentidos saíam dele para captar o que estivesse na atmosfera.

Todas as coisas saltam para a minha mente (gesto na altura dos olhos); eu não as espanto (gesto ascendente com a mão direita). Sou capaz de imaginar a Batalha de Hastings e a de Waterloo e outras coisas. Sou capaz de ficar lá, participando de tudo. O engraçado é que eu não ouço nenhum barulho. Os cheiros são as coisas mais evocativas. Se me vendarem os olhos, sou capaz de sentir o cheiro do Cairo, sem nenhum problema... Os cheiros são a coisa principal para a minha mente — mais do que qualquer outra coisa.

Estas pessoas que conhecem alguém e que resumem a personalidade desse alguém num piscar de olhos — isto é uma bobagem total e completa. As pessoas são muito mais complexas do que isso.

•

Como ele sabe que perguntas deve fazer

Voltando aos princípios básicos e refletindo a respeito deles. Com um pouco de prática mental, a coisa toda passa a se desenrolar na nossa frente (isso foi acompanhado por um gesto semicircular, de baixo para cima, terminando na altura dos olhos).

Eu perguntei a ele sobre os fatores em duas questões diferentes de seguros. Ele visualizou as duas e depois verificou suas sensações, che-

gando à conclusão de que uma tinha a sensação de ser completa; a outra não.

Como ele não aprende

Quando as experiências anteriores nos dizem que isso é uma bobagem e a gente prefere desligar a atenção.

Por quê? Suas crenças e valores

Acima de tudo, a coisa mais importante na vida é a honestidade. Seja honesto consigo mesmo — você pode estar enganado. Quando se continua tendo certo interesse pelas coisas, automaticamente lê-se a este respeito, presta-se atenção em assuntos relacionados, pensa-se nas coisas. Trata-se realmente de uma questão de conservar o interesse — eu não aprendo a respeito de coisas que não me interessem.

Quem?

Ele é quem ele é, e, com seu desprezo pela filosofia, não leva seus pensamentos além desse ponto.

Catherine Harman

Catherine, que trabalha em recuperação de obras arquitetônicas, foi uma das pessoas mais interessantes que tive oportunidade de conhecer. Ela amava um desafio, e, certa vez, decorou todas as respostas de um jogo de conhecimentos gerais apenas para se divertir. O projeto que tive com ela nunca chegou ao fim. Ela morreu num desastre de automóvel em 1993, com 33 anos de idade, de maneira que jamais saberemos como ela fez para aprender todas as respostas do jogo de conhecimentos gerais, além do fato de decorá-las enquanto tomava banho.

Quando lhe perguntei o que sabia fazer melhor, ela disse: "Descobrir coisas, e descobrir coisas a respeito de coisas." Ela também gostava de vencer desafios e muitas vezes os enfrentava com a única finalidade de vencer: gamão, tiro ao alvo, golfe — e sempre que conseguia a primeira colocação, ficava entediada e desistia. Só pelo golfe ela manteve uma paixão mais duradoura.

Sobre vencer

A única maneira de vencer é treinando e se esforçando muito. Não é possível vencer o tempo todo, mas joga-se para vencer, porque você sempre encontrará alguém mais capacitado pela frente. Não se participa de jogo nenhum sem querer ganhar; se não fosse assim, que sentido haveria em se jogar? Mas é preciso vencer segundo as regras do jogo, sem roubar. É preciso vencer apenas pelos próprios méritos — porque se é melhor do que os demais participantes da partida. Eu jamais conseguiria vencer em alguma coisa que não me interessasse. E se você acha que pode fazer tudo sozinha, você está enganada. O fracasso sempre é um fracasso perante si mesmo — eu não responsabilizaria nenhuma outra pessoa por isso. Mas a vitória não é um objetivo final. A vitória é um conhecimento até certo ponto. Todos os conhecimentos são bons; e vencer faz você se sentir bem. E é muito mais agradável ser potencialmente brilhante do que ser brilhante. É mais divertido. O que é que você irá fazer depois de dominar inteiramente um desafio?

Onde e quando ela aprendia

A vida é um aprendizado. Depende sempre das pessoas que estão com você. Quando você não tem a ligação, você não aprende tanto. E você sempre aprende mais quando se sente segura de si mesma.

Onde e quando ela não aprendia

Quando estou entediada.

O que ela aprendia

Tudo que seja interessante ou útil. É possível aprender coisas com as capacidades e com os conhecimentos dos outros, observando-os atentamente. Isso é valido sobretudo no campo do esporte.

O que ela não aprendia

Tudo o que não quero aprender ou que não me interessa; as coisas que considero desnecessárias, desinteressantes, um desperdício de tempo. Eu sempre acho que posso gastar esse tempo fazendo algo que seja mais interessante.

Como ela aprendia

Procurando me cercar sempre de pessoas que sabem o que estão fazendo; você nunca aprende sozinha, sempre o faz a partir de outras pessoas — e se não tiver contato com outras pessoas, você não consegue aprender muita coisa; e tendo sempre a mente aberta e sendo capaz de ouvir objetivamente o que os outros dizem. Lendo muito — é sempre um outro ponto de vista; pesquisando; por meio de tentativas e erros: uma das melhores maneiras de aprender é com os erros.

Observando. Afinal, aprende-se a falar ouvindo e observando. Observando e depois imitando ou copiando o que a outra pessoa está fazendo. Depois de se ter copiado uma coisa, se você achar que é exatamente o que queria copiar, acredito que essa coisa fique repleta de imagens. Eu sou capaz de dar uma tacada de golfe tal como Faldo. E eu sei que a aparência dessa tacada é boa e que ela faz com que eu me sinta melhor.

Como observar

Seja capaz de interpretar o que vê. Você pode ver o mundo de forma diferente a cada dia — tudo depende de como você esteja se sentindo interiormente. Quando minha mente está presente, preparada para aprender, eu crio memórias: crio o cenário, imagino-me dentro dele. No caso do golfe, eu procuro tirar uma foto com meu olho mental.

As imagens interiores dela eram em diferentes lugares e de diferentes qualidades, dependendo da habilidade e da estatura do golfista no qual estava pensando.

Como ela aprendia com os seus erros e enganos

Eu procuro me afastar um pouco e ver onde estou errando. Eu fico a certa distância e reflito sobre tudo. No golfe, quanto mais você se preocupa, mais duras se tornam suas articulações e menos probabilidades você tem de conseguir uma boa tacada.

O que acontecia dentro dela quando estava aprendendo

Eu me sinto fascinada. Tudo é tão excitante; sinto borboletas dentro do estômago e do peito. Todas as perspectivas de vida se modificam: o mundo fica com uma coloração rosada.

Como ela ouvia

É preciso se interessar pelas coisas que os outros dizem. Eu fico desperta ou adormecida e às vezes minha mente vaga por outros lugares e simplesmente não ouço o que dizem.

Como ela se lembrava das coisas

Repassando a fita mentalmente (olhando para o lado esquerdo) e construindo imagens. O cheiro do dinheiro faz com que tudo fique muito claro; é um sentido diferente, você não sente esse cheiro fisicamente, mas tem uma sensação que acaba sendo indelével.

Como ter a mente aberta

Ouvindo as opiniões dos outros. Tudo acaba sempre se baseando na autoconfiança: você não pode ter autoconfiança nem ter uma mente aberta a não ser que tenha opinião própria; e você somente pode ter opinião própria se tiver pensado e refletido sobre o assunto. Se sabe no que acredita, você pode se relacionar com as opiniões que os outros possam ter, colocando-se no lugar deles, sentindo o que acontece dentro deles.

Como ela não aprendia

Tédio! Eu desligo tudo. Eu passo a ver imagens sombrias (em preto e branco, ligeiramente à esquerda). É como estar numa jaula — um tipo qualquer de armadilha — sem poder ir embora. Não existem sons. Tenho uma sensação de torpor na cabeça (mão esquerda, do ombro para baixo). Quando estou realmente entediada, vou dormir na esperança de que, ao acordar, tudo seja menos enfadonho. É algo que acontece por meio do meu corpo: repentinamente eu me sinto extremamente cansada e pronta para dormir em qualquer lugar — literalmente, sou capaz de dormir em qualquer lugar imaginável.

Por que ela não aprendia

Porque tenho um nível muito baixo de tédio/concentração.

Adam Palmer

Amigos se recusam a comer comigo em Champneys, o spa dedicado à saúde; todos foram para lá com a finalidade de se submeterem a dietas, ao passo que vou pela excelente comida do lugar. Adam tem 28 anos de idade, e se tornou o Maître de Cuisine de Champneys em 1989. Ele tem muita consciência de como processa as coisas e sua linguagem demonstra como ele usa seus sentidos para codificar e também para ter acesso às informações.

Quando ele aprende

Eu sou um verdadeiro fracasso pela manhã — as coisas só começam a melhorar por volta das cinco da tarde.

Como ele não aprende

Sou incapaz de aprender qualquer coisa quando me sinto pressionado de fora para dentro. Eu preciso estar me dedicando totalmente a alguma coisa.

O trabalho diário na cozinha consiste em colocar ordem e organização no ambiente. E quando você encara isso com uma atitude positiva e sem pressão exterior, você sabe que tudo o que criar nesse dia será bom, desde que você faça certo esforço. Mas se aparece alguma coisa a mais, começo a pensar de modo antecipado: eu preciso ficar com tudo organizado e *mise en place* (provavelmente, uma das expressões mais importantes que você aprendeu na escola e que significa "no seu devido lugar") — preparado para o trabalho seguinte. Quando não consigo enxergar tudo à minha frente num determinado momento, provavelmente começo a achar que "esta noite vou subir pelas paredes". A gente fica o tempo todo estabelecendo limites de tempo; se isso não for feito, você não será capaz de fazer aquilo. Tudo é uma grande seqüência, você olha ao longo dela e, quanto mais olha, mais sombrias as coisas vão ficando; "as coisas não irão funcionar hoje!" Então você desce dessa escada e acha que precisa fazer alguma coisa. Aliás, você despenca da escada caso não consiga se dominar. Tudo também depende do estado de espírito de todos os demais porque nós funcionamos como uma equipe.

O futuro? Está lá na frente. Mas apenas até o limite de um dia, quando estou cozinhando. Eu posso pegar o cardápio do dia seguinte pela manhã e simplesmente usá-lo para golpear minha nuca (gesto em direção à base direita da cabeça). Para conseguir o melhor que existe dentro de mim, preciso me dedicar inteiramente ao que estou fazendo cada dia.

O passado? Posso pensar a respeito de alguma coisa que sei que eu poderia melhorar. Ele remonta ao que aconteceu há algumas semanas, mas a uma distância maior, tudo se torna muito vago e pouco nítido, porque estamos nos movimentando o tempo todo. Todos temos coisas das quais nos arrependemos, e é delas que nos lembramos. Atualmente, vejo graça nelas, mas provavelmente são as únicas coisas que realmente ficam na minha memória. Isto é muito bom: é a melhor maneira de aprender.

Onde ele aprende

O aprendizado que faço em casa é improvisação — desse modo, acabam-se criando coisas maravilhosas. Eu quis assar pastinagas, abri um armário e de dentro dele caiu um vidro de mostarda inglesa, e eu pensei: "mostarda e pastinagas provavelmente combinariam muito bem.

Vou misturar a mostarda com mel e assar as pastinagas" — e ficou um prato extremamente saboroso! Costumo descobrir coisas por mero acaso. É uma excelente maneira de se aprender. E quando se transfere o que se aprendeu para uma situação profissional em que 50 pessoas dizem que é maravilhoso... essa é uma sensação muito boa!

Aprendo mais quando trabalho porque realmente fico envolvido; em casa, sempre há muita distração. No trabalho, não tem muita importância se deixo as coisas desarrumadas. Lá não se está cozinhando por se sentir fome; cozinha-se simplesmente para criar algo, e, se a coisa não funciona, não é tão importante assim. Eu sinto falta de aprender com outros cozinheiros; sinto que a maioria das coisas na cozinha está vindo de mim, apesar de ser uma cozinha muito aberta — todos se envolvem porque acho que isso é bom para eles. Uma nutricionista me ensinou coisas com as quais eu jamais tinha sonhado.

Quando pensei que já tinha aprendido tudo o que era possível aprender, comecei a perder um pouco do interesse. A comida deixou de ser realmente importante: era apenas uma mercadoria. Eu aprendi que a cozinha é sempre a área mais disciplinada de um hotel. Atualmente, sou muito mais relaxado e descontraído do que costumava ser. Mark (que era o cozinheiro titular quando vim para cá como *sous chef*) me ensinou que a vida é muito mais do que apenas trabalhar. Eu jamais poderei lhe agradecer o suficiente por isso. Atualmente, damos dois dias seguidos de folga semanal para os funcionários, o que era algo totalmente inusitado nesse setor de atividades. Eu acho que isso é de máxima importância; afinal, as pessoas trabalham tanto... e no final do dia, o lugar continua existindo, da mesma forma como continuará existindo na segunda-feira.

Minha equipe é muito mais dedicada do que era quando vim para cá; todos eles têm atitudes muito passionais quanto a trabalharem num estabelecimento decente e quanto a prepararem o que consideram uma comida de boa qualidade, mas acho que todos prefeririam olhar os pratos em vez de comê-los. As pessoas acham que deve ser bom porque a aparência é boa. Pessoas vêm fazer entrevistas e dizem que a aparência dos pratos é muito boa; eu lhes digo que o sabor também é. Quando elas organizam um cardápio, antes mesmo de examinarem as combinações de gostos, elas olham para as combinações de cores; isso é muito importante, mas precisa acompanhar o que se faz pelo paladar. Eu acho que os livros e as revistas ilustradas acabaram criando uma espécie de comida essencialmente visual.

Eu não nasci com esse dom artístico — são coisas que simplesmente criei. Como? Ora, tudo é experiência; uma mera questão de equilíbrio. Fazer a decoração com quantidades ímpares de itens deixa o aspecto melhor do que quando se usam quantidades pares. Na natureza, as coisas não crescem de modo uniforme — é por isso que usamos muita salsa; sua aparência é viva e fresca e as pessoas sentem vontade de comer.

Onde ele não aprende

Quando não vejo necessidade de aprender. Eu nunca fui muito interessado pela escola. Eu só queria sair de lá e fazer as coisas que me interessavam. Eu não me imagino usando a cabeça o dia inteiro: escrever o livro foi um verdadeiro pesadelo.

O que ele aprende

Como lidar com as pessoas: para mim, era um problema encontrar os clientes e fazer aquelas demonstrações de cozinheiro. Atualmente, gosto de fazer isso; eu tenho oportunidade de encontrar pessoas interessantes, de conhecer coisas. Eu também aprendi a lidar com isso quando me sinto entediado. É apenas uma questão de confiança. Minhas demonstrações sempre são muito informais. Eu acho que os cozinheiros assustam as pessoas. Eu procuro me colocar no nível delas e quando não sei responder a alguma pergunta, eu confesso isso. Eu não sei tudo.

Como ele aprende

Questionando fatos aceitos; adaptando informações às minhas situações. Eu provavelmente monto imagens mentais durante grande parte do tempo.

Como ele não aprende

Quando estou me sentindo entediado, alguma coisa se manifesta no meu cérebro: "já vimos isso antes; tudo isso já foi feito," é uma voz, e ela faz com que eu comece a perder tudo: as coisas parecem sair de foco, perco o interesse e não consigo ver nada de maravilhoso resultando da minha próxima atividade; deixo de enxergar um futuro interessante.

Eu lhe disse que ele teria de iniciar um curso de treinamento contábil no dia seguinte.

Eu comecei a pensar no que teria de fazer na cozinha no dia seguinte, no mesmo instante em que você disse isso, porque é uma coisa que não me interessa. Ouço uma voz fraca em minha mente dizendo: "sim, isso será útil, porque se eu algum dia decidir montar meu próprio negócio, certamente terei utilidade para esses conhecimentos"; e existe outra voz no fundo da minha mente dizendo: "mas a coisa não chega a ser tão importante assim." Numa situação de curso de treinamento, minha concentração funciona por uns dez minutos. Eu faço o esforço; costumo me entregar totalmente a tudo o que faço. Tratà-se de uma situação típica de uma sala de aula, e sempre encontro algumas semelhanças. Eu gosto de manter várias coisas em andamento ao mesmo tempo e, quando tudo não flui, tenho a sensação de estar perdendo.

Por que ele aprende

Eu acredito que esse emprego seja ímpar; se você fosse o melhor cozinheiro do mundo, você não seria necessariamente bom aqui em Champneys. Eu acho bom ter um relacionamento com os clientes; aliás, é bom tê-lo em todos os lugares, caso você queira ter sucesso na vida. Se alguém quer um filé bem passado, é exatamente isso o que a pessoa quer. Agora já sou capaz de aceitar isso com mais facilidade; acho que é uma coisa que se adquire com a maturidade.

O que, exatamente, transforma você numa autoridade, de um momento para o outro, pelo simples fato de ter tido um filho? Isso é algo que sempre me deixa confuso. Ocorrem situações diferentes; situações para as crianças de hoje, que não existiam no meu tempo, e elas provavelmente têm mais qualificações para responder às perguntas do que eu. Eu posso dizer a elas os motivos pelos quais acho que não deveriam estar fazendo alguma coisa, mas elas precisam expressar suas opiniões e os motivos pelos quais acham que estão certas.

Por que aprendo? À medida que se vai envelhecendo, a gente sente mais prazer aprendendo porque não se está mais sentindo tantas pressões. Eu não acredito que seja possível aprender o suficiente a respeito de coisa nenhuma. Meu grande amor pela comida é algo que se desenvolveu apenas nos cinco últimos anos; mas eu acho que a gente simplesmente desenvolve a compreensão e o prazer. Eu adoro o que faço e não modificaria isso por nada neste mundo, mas gostaria de ter tempo para poder fazer outras coisas também; ler mais, por exemplo. Eu tento encaixar coisas demais na minha vida porque não quero ter a sensação de que estou deixando de aproveitar alguma coisa.

Como ele sabe quais são as perguntas certas a serem feitas

Fico ruminando a coisa na minha cabeça o tempo todo. Eu tento todas as alternativas possíveis e, se todas elas desembocam no mesmo lugar, então eu sei. Eu uso tudo o que eu sei sobre o assunto, insisto o mais que posso na idéia e, se tudo desemboca exatamente no mesmo lugar, ou mais ou menos no lugar, então eu sei que sei.

Adam desenvolveu essa estratégia como resultado de ter sido ridicularizado na escola, e também porque ria de outras crianças que faziam perguntas sem antes pensar muito no que iriam perguntar.

Eu adoro quando as pessoas perguntam e gosto muito de lhes transmitir as informações de que disponho; gosto de transmitir esses conhecimentos.

Por que ele não aprende

Porque não estou interessado ou porque acho que sei mais; há poucas coisas que acredito saber mais do que os outros. Odeio a ficção: tenho muita admiração pela imaginação, mas isso não é uma coisa que me estimule. Eu prefiro ler uma autobiografia: são fatos reais, e consigo me envolver com eles.

Quem?

Eu estou conseguindo ser o que quero na vida. Isso está apenas começando. É um retorno à questão da confiança. Você precisa dispor de confiança suficiente para levar uma coisa dessas em frente. Você pode manifestar sua opinião e defender seu território. E estou começando a ser o tipo de pessoa que me agrada, pelo menos durante a maior parte das vezes. Quando o trabalho atropela minha vida, sempre haverá alguém dizendo: "Pare!" Acredito que sempre vou sentir prazer com as coisas que faço. Meu trabalho é maravilhoso e eu o amo! E quero continuar amando-o. Não consigo imaginar o futuro — é possível que alguma coisa totalmente diferente venha me servir de impulso daqui a dez anos.

Quem mais?

Meu trabalho tem muito que ver com a automotivação. Eu sei que sempre sou capaz de fazer mais; e se quero fazer mais, eu mesmo preciso fazer isto. Não teríamos avançado tanto se eu não ficasse incentivando as pessoas e incentivando também a mim mesmo. A comida *versus* o trabalho burocrático: eu simplesmente resolvi agarrar o touro pelos chifres e dizer que esta agora é a minha comida; todas as pressões a mais não irão melhorar o saber, e é para isso que estou aqui. Quanto mais eu me envolvia, mais eu pensava: "É para isso que estou aqui; e isso é a única coisa que importa." Todos aqui poderiam se comportar feito robôs e poderíamos funcionar como uma grande cozinha industrial; desde que não fosse eu e que esse não fosse o Champneys.

Lucinda Green, MBE*

Nós discordamos quanto à maneira como eu a apresentaria. Acredito que ela seja a melhor amazona jamais produzida pela Inglaterra.

* Member of the Order of the British Empire. (N. do T.)

Lucinda imediatamente apresentou uma lista com todas as coisas que ela não consegue fazer de forma satisfatória para ela mesma. Eu sempre a considerei uma filha do universo: ela me contava que cavalgava com o vento nos cabelos e com estrelas nos olhos, enquanto estávamos sentadas sobre nossos cavalos ao lado de um rio, observando os ratos almiscarados cuidando de sua vida cotidiana. Ela dispõe de uma das mais extraordinárias capacidades de comunicação, e foi a sua grande capacidade de se comunicar com os cavalos que a levou ao auge nos eventos de três dias (Concurso Completo de Equitação, que envolve adestramento, cross-country e salto): ela foi vencedora do Badminton Horse Trials com seis cavalos diferentes e foi Campeã Mundial, além de Campeã Européia duas vezes. Ela também é autora de vários livros.

Quando ela aprende

Na minha opinião, quando se anda com os ouvidos atentos, fica-se absorvendo coisas durante a maior parte do tempo. Você pode aprender coisas com todas as pessoas.

Quando ela não aprende

Quando você fica com os olhos e os ouvidos fechados, e quando fica tão ocupado, pensando no que pode estar certo, que não compreende que existe outra forma de ver a mesma coisa, ou que existe o outro lado da moeda.

Lucinda deixou a escola aos 15 anos sem nenhuma qualificação especial

Eu fiquei estagnada, incapaz de ir para a frente ou para trás. O sistema todo teve um único efeito sobre mim: um desligamento total. Minha mãe me tirou da escola. Desse momento em diante, passei a voar, a abrir as asas. Cheguei a uma idade na qual era preciso alçar vôo e eu simplesmente não podia fazer isso (fica um tanto recurvada). Treze, catorze, quinze anos; essa é a idade da iniciação e é justamente nessa idade que a maioria das pessoas do mundo ocidental está totalmente impossibilitada de florescer, porque o sistema escolar impede que isso aconteça. Foi uma sensação extraordinária. Desde então, nunca mais voltei a me sentir tão impelida por alguma coisa sobre a qual não tinha o menor controle. Durante muito tempo, fui uma garota solitária: o mundo não estava ali, à minha disposição; mas, assim que deixei a escola, isso se modificou para melhor.

Onde ela aprende

Você pode aprender alguma coisa a respeito de qualquer assunto, a qualquer momento.

Onde ela não aprende

Se estou fazendo alguma coisa muito comum — eu somente consigo pensar numa única coisa de cada vez.

O que ela aprende

O conhecimento geral é um pouco de conhecimento a respeito de uma porção enorme de coisas. Há ainda muitas coisas para eu aprender.

Eu acho incrivelmente difícil entender quando alguém está tentando me explicar algo relacionado à matemática ou como funciona um sistema, qualquer coisa relacionada com negócios. As pessoas ficam falando e vou esquecendo tudo. Odeio quando não entendo como as coisas funcionam. Se eu pudesse entender, eu teria muito mais confiança, porque gostaria de saber muito mais, não apenas sobre cavalos. Eu tento aprender coisas que me deixam entediada, quando elas são necessárias — como o funcionamento da máquina de lavar roupa. Mas sou muito indisciplinada quando as coisas não me interessam — simplesmente não me preocupo com elas.

Eu simplesmente gosto de saber como as coisas funcionam e acho que tudo seria muito mais fácil se alguém me fizesse desenhos mostrando o funcionamento dos sistemas de negócios. A leitura de palavras não seria tão fácil. Mas se pudessem me colocar dentro do sistema, para que eu vivenciasse seu funcionamento, isso seria absolutamente maravilhoso.

Quando alguém me dizia qualquer coisa a respeito de cavalos, eu conseguia visualizar tudo imediatamente: eu via tudo com exatidão, nos mínimos detalhes. Todas as coisas que já fiz sobre um cavalo, eu as visualizei antes de realizá-las: é como um filme de curta-metragem que passa na minha mente, aguçando o meu instinto durante um período, de modo que, se as coisas não dão certo, ele sabe como reagir. Nesse filme, eu vejo a mim mesma; eu não estou exatamente sentindo tudo o que acontece — nem isso é necessário. Às vezes, estou montada num cavalo, outras vezes estou observando o animal.

Como ela aprende

Eu tento associar as informações a outras coisas das quais consigo me lembrar: eu as penduro num gancho para poder lembrar delas mais tarde.

Como ela formula as perguntas corretas

Seguindo pelo caminho, pensando em todas as coisas que podem não dar certo; não chega a ser uma coisa muito definida, do tipo um, dois, três; não é como as estradas de Adam, que convergem para um mesmo ponto — é algo diferente. É sobretudo uma questão de números — de coisas que podem não dar certo e de ver como as coisas não dão certo. Eu gosto que as coisas fiquem sempre nos seus devidos lugares: tijolos (da mesma cor da casa) — coisas estruturadas; tudo fica no lugar correto. Como as coisas se encaixam? Como é que elas podem se encaixar se eu esqueci um pedaço inteiro ali? Mas eu posso não ter certeza — eu posso achar que estou apenas sendo burra e deixando de perceber alguma coisa.

Como ela não aprende

Quando se trata de algo que não compreendo, eu me "desligo": perco o fio da meada. E quando se perde esse fio, você não tem nada em que possa se basear, tudo passa a girar assim (movimento circular em torno do seu rosto, na altura dos olhos) e você deixa de ver as coisas claramente — as imagens deixam de ser geradas: tudo fica em branco, sai do ar. Números sempre me deixam imediatamente nervosa, porque sei que não vou conseguir compreendê-los. As imagens deixam de aparecer e fico totalmente perdida.

Por que ela aprende

Basicamente, estou apenas interessada. Eu estou interessada em saber como a grama cresce — por que ela haveria de crescer? Eu acho que a criação toda é espantosa: o medo de deixar de perceber alguma coisa por achar que tudo é natural e óbvio. Eu acho que é muito agradável fazer uma pausa e tentar entender as coisas.

Por que ela não aprende

É uma questão de retenção; além disso, eu também estou ocupada demais não me concentrando no que estou fazendo, mas pensando no que farei em seguida ou como preciso me levantar e fazer outra coisa — desse modo você não se dá o tempo necessário para aprender.

Quem?

Em outros tempos, eu poderia ter sido um cavalo, mas essa possibilidade deixou de existir (é muito fácil entrar dentro da cabeça deles). Minha imaginação infantil não era capturada por personagens como Alice ou o Ursinho Puf, porque essas histórias não eram suficientemente factuais; elas não faziam sentido, não eram reais. Até certo ponto, fantasiar é bom porque serve para deixar as coisas mais leves; mas o que realmente importa são as coisas reais e é com elas que você precisa aprender a conviver. O que é real? Eu preciso de histórias com as quais possa me envolver. Mas há uma história que eu adoro: a mãe de um garoto se recusa a acreditar que seu filho encontrou um dragão dentro de casa, até que ele cresce tanto que acaba carregando a casa inteira nas costas. Quando a mãe finalmente admite que o dragão existe, ele volta ao seu tamanho natural (o tamanho de um gato) e a moral é a seguinte: "Não tente ignorar e apagar as coisas que você não compreende ou nas quais não acredita."

Quem mais?

Eu sempre tive consciência de que deve existir um motivo muito bom para estar aqui, caso contrário, não teria tido tanta sorte e tanto sucesso — coisas tão fora do normal e tão além da minha compreensão do que sou capaz de fazer. Conseqüentemente, cheguei à seguinte conclusão: é óbvio que há um motivo pelo qual me envolvi com tudo isso; deve existir uma razão para essa quantidade absurda de coisas acontecendo a alguém que não merece nada disso; consegui mais do que pessoas que se esforçam cinco vezes mais e que simplesmente não têm sorte. Por isso estou muito interessada em descobrir qual é esse motivo, essa razão.

Pergunta: Por que você acha que não merece?

Porque essas coisas simplesmente aconteceram comigo. Eu queria a emoção. Ganhar medalhas de ouro e troféus é excelente, mas, no dia seguinte, você nem se lembra mais — tudo é passado. Na verdade, a vitória dura apenas um dia. Deve existir mais na vida do que apenas vitórias. Não há sensação comparável ao momento em que se vê a bandeira britânica sendo hasteada depois de uma vitória! No entanto, é uma existência muito egoísta.

Eu preferiria não ficar dando aulas de *cross-country* durante o resto da minha vida, mas preciso sobreviver. Não tenho a menor dúvida de que irei encontrar a solução seguinte. Não resta a menor dúvida de que tenho um certo dom de comunicação e uma maneira de inspirar confiança às pessoas — e sou extremamente grata por tudo isso. Esse é o talento que estou usando no momento; eu acho que é o início do que se desenvolverá em algo muito mais profundo para ajudar as pessoas.

Pergunta: Como você desenvolveu toda essa capacidade de comunicação?

Foi tudo natural. Eu simplesmente sempre tive essas coisas. Mas sempre existe apenas uma porcentagem de coisas com as quais você consegue sucesso — eu jamais diria que sou capaz de colocar alguma coisa dentro de qualquer pessoa. Eu acredito que as pessoas são abençoadas com determinados talentos que elas podem aproveitar ou não. Eu não sei como se cria a comunicação — acho que esse é o maior defeito da humanidade, você não acha?

Pergunta: O que você faz?

Para começar, você fica pensando no que a outra pessoa está sentindo; você se coloca no lugar dela e se pergunta "Como é que eu estaria me sentindo?" Acho que esse é o detalhe mais importante de todos.

Depois, você faz com que elas saiam de dentro de si mesmas; você lhes dá confiança, fazendo com que elas se sintam à vontade; fazendo com que elas falem — permitindo que fiquem com toda a atenção, discorrendo sobre um assunto que dominam; de vez em quando oferece-se uma espécie de ramo de oliveira que elas podem considerar, aceitar e usar para refletir. Ensinar também sempre é uma conversa.

Algumas pessoas gostam de ser observadas; outras não. Eu gosto de olhar para as pessoas quando quero saber o que estão pensando; quando converso com um entrevistador, nunca olho para ele: eu consigo pensar apenas no que vou dizer se não estiver vendo olhos que estejam me transmitindo outras mensagens. Novamente, é uma questão de imagens: estou tentando encontrar a resposta e vejo a resposta antes de verbalizá-la — e um rosto humano atrapalha essas minhas imagens. Eu gosto de estabelecer contatos com os olhos, mas no momento não estou tentando entender a outra pessoa — é a outra pessoa que está tentando me entender.

Esta é uma informação muito importante: o confronto olho a olho com uma pessoa que esteja no modo visual não nos leva a lugar algum — quando ela não consegue ver suas imagens, ela se sente perdida.

É possível aprender muito olhando para as pessoas; é por isso que eu odeio professores que usam óculos escuros — fica impossível ver o que eles estão pensando.

Basicamente, gosto das pessoas — e isso provavelmente é um bom começo. Sempre que me sento ao lado de alguém existem vibrações positivas; se você depois discute com alguém ao longo do caminho, é

Confiança e equilíbrio são as duas melhores palavras do dicionário.

uma pena. Todos sempre têm coisas para nos ensinarem. Preste sempre atenção a todos. E jamais pense que sabe tudo.

Meu epitáfio? A habilidade de me comunicar com meu cavalo que, por sua vez, trouxe para fora sua confiança com a maior intensidade possível, produzindo suas maiores habilidades. Parece que disponho de alguma habilidade incalculável para me manter de algum modo em equilíbrio, o que também contribui para a confiança do animal. Eu compreendo como um cavalo se sente e como ele é melhor ou quando não está bem, o que é uma sensação. Eu sou capaz de manter um cavalo no seu melhor ponto de equilíbrio, o que acentua a confiança que a comunicação lhe está dando. Eu me coloco dentro da cabeça dele. Eu costumo percorrer o trajeto de uma prova através dos olhos do meu cavalo: o que ele irá pensar? Ele vai virar essa esquina e deparar com algo que nunca viu antes...

Quando tudo está se desenvolvendo harmonicamente, é como um raio de luz solar, ou como um holofote se acendendo.

A vida é um grande jogo de confiança: confiança e equilíbrio são as duas melhores palavras do dicionário e, na minha opinião, a motivação da amizade está em dar confiança às pessoas; acho que é isso que podemos fazer pelas pessoas, e que, depois disso, elas podem começar a voar. No entanto, alguns dos maiores talentos dos nossos tempos são tão grandes porque foram impelidos por uma sensação de inadequação; considerando-se isso, até que ponto você quer transmitir autoconfiança para as pessoas? Será que isso não serviria também para acabar com os talentos?

Colin Reeve

Colin é um consultor administrativo internacional; ele também criou a Shotokai Foundation e dá aulas de karatê no mundo inteiro, usando a Programação Neurolingüística (PNL) para melhorar o processo de aprendizado.

Quando jovem, ele teve uma visão brilhante do óbvio ululante, o que vai um passo além do que digo quando afirmo que todos somos únicos. Ele compreendeu que, sendo único, precisava também ser perfeito, uma vez que nada existia com o que pudesse ser comparado.

Onde e quando ele aprende

Eu aprendo o tempo todo. Por exemplo, posso ler uma única linha de um livro e depois fechá-lo, incapaz de continuar com a leitura porque aprendi muitas coisas com o que li: é como se tudo o que eu aprendi antes tivesse de ser reorganizado por causa desta nova informação; depois, sonho com ela por muito tempo e ocorre toda uma dose adicional de aprendizado. Transporto a informação para o futuro, a fim de descobrir o que se tornou possível agora que tenho essa informação; imagino tudo em imagens e depois comparo as imagens com as sensações, e, se as imagens não correspondem às sensações, fico modificando cada imagem até que corresponda à sensação.

Algumas coisas aparecem sem uma origem definida. Eu explico coisas ou as desenho num quadro-negro e pergunto a mim mesmo: "De onde estão vindo essas coisas?" Muitas vezes, elas são as melhores explicações que já vi ou ouvi em toda a minha vida. Eu não sei o que estou escrevendo no quadro-negro; eu simplesmente escrevo.

Eu aprendo muito por meio do *feedback*, a partir de dicas e pistas que outras pessoas me dão. Quando estou fazendo bem alguma coisa, eu me ouço fazendo isso. Eu fico falando comigo mesmo, dizendo: "Você realmente está fazendo isso bem." Eu não tenho nenhum tipo de diálogo interior negativo: sei quando as coisas não estão tão boas quanto poderiam estar, porque percebo a ausência dessa conversa comigo mesmo. Além disso, sempre faço uma revisão de todas as coisas que fiz.

Eu não faço distinção entre o trabalho e o karatê. Eu posso ter uma experiência no karatê que modifique amanhã a consultoria administrativa. Abandonei os estudos aos 15 anos e as pessoas me perguntam como se explica o fato de eu ser dono da minha própria empresa — como me tornei consultor administrativo de todas essas importantes firmas britânicas? Eu acho que o karatê acabou se transformando numa metáfora para todo o meu aprendizado: uma metáfora da vida. Eu fui capaz de aprender coisas com o karatê que jamais teria aprendido numa sala de aulas. A força que tive foi a capacidade de transferir esse aprendizado, que seria em primeira linha cinestésico, para todos os tipos de coisas conceituais e intelectuais.

Quando já estava praticando o karatê havia muito tempo, sempre ia com muita confiança a todos os lugares onde precisava ir e, apesar de nada ter estudado sobre assuntos administrativos, eu sabia que não encontraria problemas por causa disso. Eu fiquei 27 anos com um mesmo professor japonês e, do ponto de vista intelectual, ele era muito rigoroso e exigente; vivia levando a conversa para áreas intelectuais, de modo que eu me forçava pelo lado físico para acompanhá-lo intelectualmente. Eu tenho outros amigos que treinaram e praticaram karatê tanto quanto eu, mas que jamais demonstraram nenhum sinal disso em outros aspectos de sua vida. Nossos critérios de graduação para o Quinto Dan (que eu mesmo escrevi) exigem: "isso precisa ser visto em tudo o que o candidato diz e faz", ou seja, é a capacidade de generalizar e de transferir tudo para outras áreas.

Atualmente, crio muito mais imagens do que fazia antes. A partir de informações vagas, sou capaz de reconhecer imediatamente onde elas se encaixam e ampliá-las, transformando-as em algo realmente grande, porque estou examinando o panorama completo. Essas poucas informações estão aqui embaixo (parte inferior esquerda, onde ele esfrega os dedos uns contra os outros, ao mesmo tempo que delineia uma imagem maior na sua frente) e consigo reconhecer o resultado que essas informações têm sobre o panorama completo. Quando trabalho com alguns diretores industriais britânicos, é como se eles tivessem à disposição essas mesmas informações, mas sem saber onde elas poderiam se encaixar no quebra-cabeças.

Onde e quando ele não aprende: Colin foi incapaz de responder a uma pergunta tão estranha.

O que ele aprende

Informações específicas que vêm ao meu encontro e que me tornam mais rico. É preciso que haja um contexto quanto aos motivos para que eu possa saber de alguma coisa. Estou tentando aprender algo que confira mais valor ao mundo — mas a frase parece pomposa demais!

O que ele não aprende

Qualquer coisa que não me leve em direção ao meu resultado. Eu quero me tornar o melhor consultor administrativo do mundo. Na verdade, quero ser bem mais do que isso: quero ser sábio; quero ter sabedoria — seja isso o que for (e a frase outra vez parece pomposa demais).

Como ele aprende

Primeiramente, faço alguma coisa e reflito sobre ela. Penso nas reações que essa coisa provocou e assim por diante. Sempre acreditei que é assim que aprendo — de forma prática, cinestésica: ir em frente e fazer alguma coisa e depois ver o que acontece; mas, atualmente, isso é de todo equilibrado pela leitura intelectual ou por se ouvir algo proveitoso e depois generalizar o que se leu ou ouviu. Quando estou aprendendo de modo cinestésico, o importante é o instante, o momento, o ali; no entanto, isso não tem a mesma eficácia porque não estou generalizando as coisas nesse ponto.

Colin acredita que, se sua cabeça estiver funcionando corretamente, ela não pode deixar de aprender. Para se preparar, ele costuma ficar de pé, e faz seu corpo balançar um pouco sobre os calcanhares, o que serve para deixá-lo preparado para um bom funcionamento.

Como ele não aprende

Eu disse que ele realmente deveria aprender a preencher seu formulário de devolução do imposto de renda.

Uma péssima imagem! Não consigo ouvir o que você diz. Sei que você está falando. Estou ouvindo todas as suas palavras, mas não estou prestando atenção — estou me escutando dizer: "Não estou interessado." É como uma daquelas bonecas russas, onde sempre se encontra outra boneca menor dentro de uma maior: aqui, estou eu no mundo real e aí está você, tentando entrar — nos insultando com esse formulário de imposto de renda — e não vou permitir o seu ingresso. Eu estou aqui dentro, protegido de você. Entrar por um ouvido e sair pelo outro é a explicação quase exata; eu simplesmente não estou deixando que as palavras penetrem nos níveis mais profundos.

Quanto mais fácil eu torno minha vida, mais as pessoas me querem. Todas as vezes que tento não trabalhar, elas querem que eu trabalhe. É um verdadeiro paradoxo. O motivo pelo qual as pessoas não conseguem sucesso é o fato de elas não terem entendido o paradoxo: se você quiser magoar alguém, atinja essa pessoa do modo mais suave possível. As pessoas não entendem esse paradoxo — durante a vida inteira, elas tentam bater com força, e isso nunca funciona. Se você quiser que seus filhos fiquem perto, deixe que eles se afastem. Se você quiser ter seus gerentes sempre sob seu controle, dê-lhes mais responsabilidades. Depois de ter aprendido esse paradoxo, a vida inteira fica muito mais simples.

É uma mensagem realmente difícil de ser difundida nos ambientes industriais da Inglaterra, onde as avaliações são feitas em função de suas produções diárias, do lucro obtido; mas trata-se de uma mensagem que todos estão interessados em aprender. As pessoas fazem os números; não são os números que fazem as pessoas; é por isso que prefiro trabalhar com o elemento mais importante: as pessoas. Você vai a essas reuniões administrativas e eles mostram os resultados; eles nada dizem sobre as pessoas que os conseguiram; no entanto, não foram esses resultados que fizeram as pessoas. Modificando as pessoas, os resultados serão diferentes; mas modificando os números, as pessoas continuarão sendo as mesmas.

Por que ele aprende

Eu quero me tornar melhor em tudo o que faço; e isso está relacionado com essa missão de tentar acrescentar valor ao mundo. Uma missão prévia consiste em modificar a indústria britânica de modo que ela se torne realmente eficiente e consiga extrair o melhor das pessoas. Mais do que isso, tenho esperanças de dar valor à vida das pessoas que me cercam.

Eu tenho três mentores: o leão, a coruja e o carvalho — a coragem, a sabedoria e a força fundamental, a estabilidade e o desenvolvimento. É por isso que, às vezes, procuro medir minhas decisões com estes parâmetros. O que o leão faria? E a coruja? O carvalho? Mas eu tenho um outro mentor, que se encontra acima disso tudo: Peter Pan. Eu quero me divertir. Eu realmente acho que é muito importante rir e aprender ao mesmo tempo; aliás, não sei se é possível aprender de outro modo.

Eu já presenciei pessoas se preparando para "atacar" Colin e simplesmente sendo destroçadas antes de conseguir chegar perto dele.

Quando estou nesse estado em que derrubo as pessoas sem tocar nelas, estou em contato com todos os presentes no lugar, e fica claro para mim que estou em contato com a pessoa que vou derrubar — no melhor sentido possível: elas riem quando caem no chão. Eu também me sinto extremamente ligado com a terra — duvido que alguém seria capaz de me erguer do solo. E, ao mesmo tempo, estou muito leve e capaz de me mover para onde quiser: trata-se de uma forte ligação, com uma sensação extraordinária de equilíbrio.

Quando as pessoas falam sobre desassociação, associação e sintonia, eu as vejo no mesmo nível. Se estou isolado, fora de mim, olhando para mim mesmo, afastado de você, o nível seguinte seria o de estar associado: ali, no meu corpo, tendo uma conversa com você; mas posso avançar ainda mais na linha e transmitir essa idéia do eu para você — o que eu chamaria de sintonia: uma super-associação — estar associado e se desenvolvendo dentro de você. E a pessoa que está atacando: ela não pode pensar sem que você saiba disso.

Todos nós usamos a terminologia errada: nos ocupamos de algo que é um processo natural e o viramos de cabeça para baixo, dizendo: "Vamos fazer com que o fato de não aprender seja natural e que o aprender não seja natural. E vamos nos certificar de que todos saibam que aprender é difícil." Basta pensar nas fobias: o seu corpo, numa fração de segundo, aprendeu a ter constantemente uma reação que irá perdurar pelo resto de sua vida; no entanto, se você estiver aprendendo a jogar golfe, você precisará treinar milhares de vezes com o taco antes de aprender a fazer exatamente a mesma coisa duas vezes. A crença fundamental de que o aprender é algo natural para nós simplesmente deixou de existir.

Por que ele não aprende

Isso está relacionado com o fato de reconhecer as coisas existentes naquilo que aprendo com a finalidade de atingir os meus objetivos.

Quem?

A resposta que me vem à mente é um cavaleiro; um cavaleiro de armadura reluzente, montado num cavalo branco — tal como manda o figurino — vagando pelo mundo para salvar donzelas em perigo, o trabalho de alguém ou o que quer que seja. Alguém disse que, quando se estuda suficientemente uma coisa, a gente acaba sabendo tudo acerca de todas as coisas. O conteúdo é sempre o mesmo; apenas os contextos mudam. O aprendizado pode ser transferido para todas as coisas.

Quem mais?

Com relação à família dele

O resultado acaba sendo o "Protetor" — não num sentido autocrático, mas no sentido da participação.

Com relação a amigos e colegas

Um recurso. Eu também quero me divertir com eles. Para eles, é importante saber que não me devem ouvir o tempo todo; o que digo este ano poderá ser totalmente diferente no ano que vem, porque até lá eu certamente irei aprender outras coisas novas.

Com relação ao planeta

Eu me sinto como se fosse uma parte influente dele; estou desempenhando um papel importante. E existe mais uma coisa; eu sou um líder, num certo sentido.

Com relação ao universo

É a mesma coisa: protetor, supervisor — novamente não num sentido autocrático. Há muito o que aprender para ser um deles. Será que tenho tempo para aprender o suficiente?

Sir John Harvey-Jones, MBE

Sir John ingressou na Imperial Chemical Industries (ICI) depois de uma turbulenta carreira naval. Sob seu comando, a maior empresa britânica se transformou, esquecendo seu desastroso fracasso dos anos 70, atingindo grandes lucros e surgindo novamente como umas das mais bem-sucedidas e bem-administradas empresas do país. Por três anos seguidos, Sir John foi eleito pelos seus colegas como o mais importante industrial da Inglaterra. Atualmente aposentado, ele continua conhecido como "guru da indústria". Seus livros já foram traduzidos e vendidos no mundo inteiro e sua série de televisão, Troubleshooter, *foi exibida com muito sucesso na Inglaterra, na Austrália e na Nova Zelândia.*

Eu conheci Sir John num seminário. Presidido por ele, sua primeira metade foi brilhante; sempre que alguém começava a se desviar do assunto, ele fazia alguma pergunta que todos podiam entender e levava a discussão de volta ao nível dos simples mortais. Antes do almoço, no entanto, ele teve de nos deixar e, a partir desse momento, o evento entrou em processo de desintegração. A única lembrança que ficou na minha memória é o pesadelo de um senhor extremamente culto, lendo um trabalho entediante, cujo conteúdo era misterioso, embora a extensão da leitura fosse inesquecível.

Na minha busca da excelência, voltei para casa, perguntando a mim mesma: "Quais foram as diferenças que causaram a diferença entre comunicar e não comunicar as mensagens?", e acabei chegando às seguintes conclusoes; o "o que" advém da minha observação; o resto é uma leitura mental.

Pergunta: Quem é o principal industrial da Inglaterra, Sir John Harvey-Jones?

Resposta: É um de nós. Um simples mortal, devidamente sintonizado com outros simples mortais.

Pergunta: *Por que é um de nós?*

Resposta: Ele acredita que faz parte do sistema humano. Ele se interessa por tudo e por todos. Ele acredita que a vida é divertida. Nós nos sentimos bem com ele porque ele não representa uma ameaça.

Pergunta: *Como é que ele demonstra isso?*

Resposta: Ele desenvolve um relacionamento no nível da identidade — eu estou OK / Você está OK. Ele reconhece as crenças e valores dos outros. Ele é aberto. Ele aprende a partir de cada experiência. Ele se diverte.

Pergunta: *O que ele faz?*

Resposta: Ele olha para as pessoas, ouve e adota o ritmo de sua respiração, dos seus movimentos, de suas vozes. Ele conta histórias para exemplificar suas opiniões. Ele usa palavras para criar imagens, sons e sensações nos que o ouvem, para que todos possam se envolver com o que ele está dizendo. As coisas que ele oferece são subjetivas: são coisas da vivência dele. Isso nos deixa a opção de aceitá-las ou de rejeitá-las. Ele ri e faz piadas — geralmente às suas próprias custas.

Eu comprei um livro dele, intitulado *Making it Happen* com a finalidade de verificar minha capacidade de leitura mental, e também por querer descobrir mais a respeito desse homem extraordinário. Anos depois, eu o vi na televisão, visitando velhos amigos, e me perguntei: "Como será que ele conseguiu aprender tudo isso?", referindo-me a essa capacidade de comunicação pela qual as pessoas pagariam fortunas. Meu marido respondeu: "É porque ele sabe todas as respostas." Isso provocou a pergunta seguinte: "E como ele fez para aprender todas as respostas?" Foi então que percebi que ele seria o modelo perfeito para este livro.

Ele quis ajudar, mas seu estilo de vida não lhe permite muito tempo livre, de modo que decidi me concentrar nas suas crenças e valores, no seu estado interior, na sua capacidade de se comunicar e na sua estratégia para formular as perguntas certas.

Uma das primeiras coisas que as pessoas aprendem na "escola do relacionamento" é a capacidade de imitar ou copiar os movimentos das outras pessoas, porque, quando a fisiologia está sincronizada, as mentes também podem apresentar um mesmo comprimento de onda. Se você observar velhos amigos absorvidos numa conversa intensa, irá perceber que suas fisiologias são consideravelmente semelhantes; inversamente, se você está recostado e descontraído, enquanto eu fico de pé com os braços cruzados, dizendo-lhe todas as coisas que acho que você deveria fazer, é improvável que você se mostre muito receptivo. Sir John e eu nos sentamos um na frente do outro em lados opostos de um mesa de café e percebi quase imediatamente que ambos estávamos sentados de lado com as pernas cruzadas e um braço no espaldar do sofá. Eu não perguntei se ele tinha adotado aquela postura deliberadamente; mas tenho certeza de que ele mergulha automaticamente no modelo de mundo da outra pessoa, sem sequer pensar a respeito disso. O resultado foi que eu me senti imediatamente à vontade e confortável com ele, enquanto ele começou a me contar sua teoria de que a educação britânica programa as pessoas para o fracasso.

Para ele, a escola preparatória foi um pesadelo; ele viveu na Índia até os sete anos de idade, e depois se viu repentinamente abandonado pelos pais naquele lugar pavoroso da Inglaterra. Ele nada tinha em comum com os outros garotos, cujos pais apareciam dirigindo Rolls Royces nos fins de semana para os levarem a passeios. Como ele era "diferente", seus colegas dificultaram muito sua vida; e assim, para escapar deles e também porque estava determinado a não ter mais problemas com os funcionários da escola, ele mergulhou de vez nos estudos. Ele tinha apenas um único amigo, muito esforçado, de modo que os trabalhos devem ter contribuído para o relacionamento. Para mim, o fato mais importante nesse estágio de sua vida é que ele aceitou seu papel na maneira como os outros garotos o tratavam, "Eu era um bocado difícil", em vez de pôr a culpa neles — em outras palavras, ele resolveu assumir o comando do seu próprio cérebro.

A etapa seguinte foi um curso intensivo, especializado em conseguir o ingresso dos alunos no Dartmouth College, onde a educação era totalmente voltada para a Marinha. "Em história, aprendíamos tudo sobre as batalhas navais, mas nem uma palavra sequer a respeito da Revolução Industrial; aprendíamos trigonometria, mas não cálculos. Eu me considero uma pessoa totalmente inculta; não tenho nenhum tipo de qualificação." Isso me levou às minhas teorias sobre a sensação de inadequação e não fiquei completamente surpresa ao descobrir que até mesmo os maiores industriais do país sofrem com isso, exatamente como todos os demais. Ele acredita que sua falta de qualificações pode ser o motivo de sua paixão por aprender e por melhorar a si mesmo.

Durante seu período no comando da ICI (Imperial Chemical Industries), ele freqüentou todos os cursos que pôde e agora, apesar de provavelmente estar mais ocupado do que nunca, ele continua fazendo algo de novo todos os anos. Uma de suas novas ocupações é como presidente do conselho da minha velha escola, onde a filosofia atualmente é a seguinte: "Mande-nos sua filha e nós descobriremos quais são os talentos dela e permitiremos que eles sejam desenvolvidos." Ele acredita que a função do professor não é a de ensinar para as pessoas, mas de criar situações em que elas possam aprender e que o aprendizado somente irá ocorrer quando existe um desejo de aprender. Ele também acredita que aprendemos melhor por meio de uma combinação de prática e teoria.

Ele adora as possibilidades de se informar a respeito das mais diferentes coisas e de fazê-las na prática: a ICI foi completamente diferente da Marinha; as suas numerosas atividades atuais criaram para ele uma vida muito diferente da que levava nos tempos da ICI.

Ele acredita que o fato de sermos ingleses nos programa para o fracasso; que o fato de ser melhor do que os demais é algo mal visto e que, de qualquer forma, não merecemos o sucesso. Mas ele faz questão de acrescentar que as demais raças também têm os seus próprios problemas peculiares.

A amizade é algo *extremamente* precioso para ele; depois de estabelecida, ela se conserva nos bons e nos maus momentos. O café foi trazido por um garçom que, claramente, era um velho amigo; ele recusou uma gorjeta e tive a impressão de que isso aconteceu porque não se aceitam gorjetas de amigos. Ele conhece todos os funcionários do seu hotel e tudo a respeito de suas famílias e eles o procuram para conversar sobre qualquer assunto.

Perguntei-lhe se o tipo de vida que levava nos submarinos criou a situação de aprendizagem para suas capacidades comunicativas. Apesar de negar que suas habilidades de comunicação sejam incomuns de alguma forma, ele me contou detalhes a respeito da vida num submarino com outros 42 tripulantes, cada um dos quais tinha a possibilidade de cometer deslizes que resultassem em naufrágio; ele contou como todos andavam apenas de cuecas (ou menos ainda) nos climas quentes, de modo que não havia mais insígnias de posto hierárquico; como todos passavam a se conhecer realmente bem; como se descobria que cada um tinha seus próprios talentos individuais e as contribuições que cada um podia dar independentemente dos cargos ocupados; e também a constatação de que somos todos iguais sob uma camada superficial de verniz.

Ele continuou, revelando a surpresa que sentiu ao trabalhar no Gabinete, quando descobriu que seus heróis tinham pés de barro exatamente como todos os outros.

Ele continua se surpreendendo e se sentindo pouco à vontade com pessoas que dão a impressão de acharem que são diferentes, que são superiores aos demais, ao passo que me perguntei se essa impressão de superioridade não seria simplesmente um disfarce para sentimentos muito fortes de inadequação.

A coragem física não parece ser algo muito difícil, mas a coragem moral, para ele, é a coisa mais difícil que existe. Infelizmente, não tivemos tempo para explorar esse tema com mais profundidade, mas eu me lembrei de todas as vezes em que não levantei a voz para defender coisas nas quais acreditava, só porque meu estado interior decidiu que eu não teria condições de enfrentar tal situação.

Ele acredita que, se eu lhe fizer uma pergunta, seu dever é o de me responder do modo mais completo possível, com todos os conhecimentos à sua disposição. Por esse motivo, ele acha que pode ser considerado uma pessoa muito impetuosa para muitos, mas para ele a importância da comunicação reside no fato de ela ser exata. A pessoa com a qual ele está falando deve ficar inteiramente consciente da posição que ele assumiu.

Sua esposa lhe diz que ele é arrogante — as observações dela se originam, em parte, da recusa dele em chegar a um acordo quanto ao que é e ao que acredita ser. Ele trabalhou muito nas partes de si mesmo das quais não gosta e acha que, caso se voltasse contra o que acredita e contra a pessoa na qual se transformou, acabaria perdendo tudo o que conquistou. O lado combatente dentro dele sabe que, apesar de sempre existir a possibilidade de ele estar errado, mesmo assim sua obrigação é a de defender as coisas quando o assunto em pauta é alguma coisa na qual ele realmente acredite.

Eu acredito que esse seja um componente de crucial importância na sua habilidade como comunicador. Toda sua neurologia combina com o que ele diz; e como não estamos captando mensagens dúbias, sentimos que podemos aceitar o que ele diz como uma forma diferente de encarar as coisas, apesar de poder ser contrária às nossas crenças. Por outro lado, se estou tentando convencer você de que sei que sou uma peça totalmente inútil do equipamento, apesar de as minhas palavras poderem ser convincentes, você irá captar inconscientemente as mensagens mais verdadeiras que estão sendo emitidas pelo meu corpo e — apesar de poder não saber os motivos — você poderá não querer aceitar o que estou dizendo.

Ele não se sente bem sem um contato visual; ele acha que alguma coisa está errada: "quando se anda entre os funcionários e não se estabelece um contato visual, você sabe que naufragou." Ouvir é outra parte da cortesia que se oferece às demais pessoas: de que outra forma você pode saber exatamente o que elas querem transmitir? A *sensação* da ligação lhe é muito intensa: ele ilustrou isso como se estivesse segurando uma pequena bola na mão na altura do coração, com os dedos apontados em minha direção e girando-a lentamente, como se a estivesse ajustando. Ele disse que isso é algo que vem do seu coração mole, seu coração astral, "É intuição; você simplesmente sente quando as coisas estão certas".

Para ele, a comunicação precisa sempre incluir a emoção — o que não chega a ser uma característica típica dos ingleses. E ter emoção significa ser capaz de expressar o que se sente a respeito das outras pessoas.

Leva muito tempo para se descobrir as estratégias que as pessoas têm para não aprender, de maneira que eu lhe contei a respeito das bonecas russas citadas por Colin Reeve. Ele foi capaz de se envolver imediatamente com isso e se conscientizou de situações em que impediu a si mesmo de aprender alguma coisa.

Sua estratégia para saber como formular sempre as perguntas certas é uma mistura de imagens visuais e de sensações: partindo das evidências à sua disposição, ele segue um prognóstico — "Se tenho a sensação no trabalho de que um gerente na verdade não está a par de detalhes do que está acontecendo, encontro maneiras de testar isso e de testar se a realidade é diferente do que ele está percebendo: perguntando, olhando e pedindo para fazer uma visita e assim por diante" (enquanto estava dizendo isso, ele examinava as imagens diante do seu olho mental, passando a mão direita ao longo de uma linha paralela ao solo, na altura do peito — como se estivesse acompanhando seu prognóstico — e depois movimentando essa mão pela área testada, que ficava abaixo da linha do prognóstico). "Na verdade, na vida, as coisas precisam ter um revestimento forte, sem costuras: e a gente está apenas observando as coisas que chamam a atenção. Esses pedaços que não fazem parte do revestimento uniforme nos informam que existe alguma outra coisa; que essa teoria não está certa. E, enquanto a coisa toda não formar um padrão coerente e consistente sem pedaços soltos, ela não irá funcionar. Você está à procura de um padrão que seja consistente e, quando existem pedaços que não se encaixam — os funcionários se sentem mal ou os números não batem ou o produto deixa de funcionar, qualquer coisa assim —, isso significa que você ainda não conseguiu encontrar a solução correta.

Terence Stamp

O universo me enviou Terence através das ondas sonoras. Lembranças me inundaram, referentes a tempos em que fiquei parada num elevador com lágrimas escorrendo pelo rosto depois de ter acabado de assistir a Billy Budd *e constatar que estava olhando intrigada para um par idêntico de olhos violeta. Eu lembrei que ele era outra pessoa impossível de ser empregada no papel e que acabara de escrever* The Night, *que aparentemente era um romance muito bom! Como um dos assim chamados "quase analfabetos" conseguira se transformar num ourives das palavras? Eu precisava descobrir.*

Terence emprega a totalidade da sua neurologia na discussão, de maneira que você nunca sente a necessidade de lhe perguntar onde ou como ele sente alguma coisa, porque esses detalhes são demonstrados enquanto ele fala. Sua linguagem é tão exata a respeito dos seus processamentos interiores, e suas estratégias no sentido de contornar suas próprias objeções a fim de fazer algo são tão engenhosas, que achei que vocês gostariam de ler um relato feito por ele mesmo.

Comecei a freqüentar a escola aos três anos de idade; e, logo em seguida, comecei a fugir de lá — era um verdadeiro pesadelo. Minha mãe achava que acabaria presa se eu não fosse à escola. Eles descobriram que eu estava faltando às aulas. Provavelmente eu era um garoto muito esperto! Eu assistia à chamada e depois, antes de a nova professora entrar na sala, eu escapava e passava o dia inteiro no parque, chegando em casa no horário certo — e eu ainda era muito pequeno! Minha mãe me levou ao médico local — o homem mais sábio da comunidade — que lhe disse que eu não precisava freqüentar a escola antes dos cinco anos.

Quando retornei às aulas, dois anos mais tarde, era incapaz de aprender qualquer coisa: eu não conseguia aprender a ler; tentaram fazer com que eu aprendesse a tricotar, mas eu era canhoto e isso fazia com que tudo se tornasse muito mais complicado; eu não era sequer capaz de amarrar os cordões dos meus sapatos — não havia nenhuma atividade que eu dominasse.

Depois, houve um exame quando eu estava com onze anos, e que minha família transformou numa coisa de importância extrema. Houve todos os tipos de chantagem emocional: eu ganharia uma mochila de couro e talvez até uma bicicleta. Esse foi o primeiro grande obstáculo que tive de enfrentar. Eu não sabia como me preparar para aquilo porque o método de aprender, decorando as coisas, só atravancava e fazia com que minha mente se fechasse. Mesmo quando aprendi a ler, isso não aconteceu na escola, mas sim porque eu queria ler *Rupert Bear* — fiquei tão impressionado com as ilustrações que achei que deveria existir algum segredo maravilhoso no texto. Aliás, eu tinha acabado de aprender a ler quando aconteceu esse exame.

Até hoje não faço a menor idéia de como consegui passar pela prova. O exame de conhecimentos gerais tinha algumas semelhanças com a única coisa que eu era capaz de fazer bem, com algumas perguntas curiosas como "Qual é a aparência da letra E vista num espelho?"

(A escola já não era a mesma que eu começara a freqüentar aos três anos; o velho e assustador prédio em estilo gótico tinha sido substituído por uma escola secundária, e depois comecei a freqüentar outro estabelecimento muito bonito — de modo que as coisas passaram a ser muito menos ameaçadoras.)

Fomos informados a respeito das bolsas de estudos e o diretor nos disse que, se passássemos, seríamos transferidos para um ginásio e, se não passássemos, teríamos de freqüentar a escola secundária — a mesma escola pavorosa para a qual eu já estava destinado! Um protótipo de filme barato de terror! Eu sabia que ela era freqüentada por crianças muito malucas e não queria ir para lá! Tudo nela me deixava muito assustado. O diretor disse: "Os que forem para o ginásio usarão um uniforme e um boné... todos os que realmente desejam a bolsa devem ficar de pé."

Ninguém ficou de pé. Ninguém queria ir. Eram crianças grosseiras; elas não queriam ir para nenhum lugar onde tivessem de usar uniforme; o grande sonho delas era se transformarem em bandidos. Eu tive a sensação de que se não ficasse de pé, fracassaria; por isso fiquei de pé e fui o único a fazê-lo. O diretor apenas comentou: "Vamos torcer para que você continue de pé depois das provas." Eu lembro que passei por um período de tormentos absolutos durante aquelas férias escolares, tendo de aguardar pelos resultados. Recordo-me também do momento em que chegou a carta dizendo que eu conseguira ser aprovado.

E ocorreu uma reviravolta, porque fiquei com todas as vantagens: um *blazer*, um boné, uma mochila, uma bicicleta! Fui colocado na classe 2D — a classe mais baixa do primeiro ano. A única coisa que eu via era o D — aquilo significava que não éramos como as crianças do tipo A ou B, que eram intelectuais e usavam óculos. Elas estudavam idiomas estrangeiros e nós tínhamos de fazer trabalhos manuais com pedaços de madeira. Naquele primeiro ano eu aprendi muito, cerca de 90% do que me ensinavam. Eu pensava comigo mesmo: "Vou poder ir para Oxford! Vou poder remar pela equipe de Oxford!" Eu tinha idéias realmente grandiosas.

Depois, no segundo ano, fui transferido para a classe 3C (ou seja, eu tinha conseguido melhorar minha cotação) e, nesse ano, percebi que tudo era formado apenas por mais listas e que essas listas eram intermináveis. No curso de francês havia um livro diferente e eu simplesmente jamais poderia saber tudo aquilo! (Levando as mãos à cabeça). Eu simplesmente me fechei e eles desistiram de mim.

Se eu tivesse de lhe explicar como consegui aprender coisas, como consegui amadurecer, eu diria uma única palavra: "heróis." Um garoto chamado Roy era tudo: ele tinha uma aparência incrivelmente boa; era sempre ele que dava a tacada inicial nas partidas de críquete; ele também era bom nos jogos de futebol; ele cantava tão bem quanto Dean Martin e era um ano mais velho do que eu. Tomei uma decisão importante: "Eu vou ficar observando tudo o que ele faz, porque ele é um grande astro e nada representa um problema para ele — ele simplesmente sabe tudo o que deve ser feito em todas as ocasiões." Passei a acompanhá-lo por todos os lados, feito um mascote. Eu seguia a equipe de pingue-pongue; ficava vendo como ele fazia as coisas para conseguir jogar como ele. Ele possuía uma graça natural que se expressava como uma espécie de ausência de esforço. Era maravilhoso observá-lo fazendo alguma coisa: ele nunca tinha dificuldades. Era simplesmente estupendo! E depois, aquela noite terrível, quando alguém lhe perguntou o que pretendia fazer quando saísse da escola. Ele respondeu que seu pai já lhe arranjara um lugar como aprendiz numa editora qualquer. Meu mundo entrou em colapso; eu não queria acreditar que teria de construir minha própria escada, de encontrar meu próprio caminho.

Nessa época já tínhamos televisão em casa e comecei a afirmar que os programas que víamos não eram muito bons e que eu seria capaz de fazer tudo aquilo de modo muito melhor. E meu pai, que não era de falar muito, me olhou nos olhos e disse: "Escute, meu filho, gente como a gente não faz coisas desse tipo. Veja, filho: eu não quero que você continue a falar sobre isso."

E deixei de ser uma chaleira com água fervendo para me transformar numa panela de pressão. Eu estava com 16 anos e minha cabeça parecia que iria estourar. Eu era jovem demais para sair de casa e, por isso, fiz o que meus pais queriam durante dois anos. Comecei a trabalhar em publicidade e estava ganhando muito dinheiro aos 18 anos. Eu tinha o meu departamento e costumava fazer tudo para parecer mais velho: maquiagem, óculos com lentes sem grau, tudo porque eu ainda era um garoto!

Mas havia uma profunda sensação de desapontamento e de insatisfação quanto ao emprego — eu dispunha de dinheiro, tinha roupas, ia aos bailes, mas havia essa profunda sensação de vazio. Eu não estava exposto a heróis, eu não encontrava os tipos de pessoas que eu pudesse admirar, com as quais pudesse me identificar, que pudesse usar como modelos. Era uma espécie de brilho falso, semelhante à sensação que eu tivera com a bolsa de estudos: "Se eu não fizer isso agora, vou me arrepender por toda a vida."

Saí de casa e comecei a freqüentar cursos noturnos de interpretação. Eu tinha me tornado um jogador muito bom de pingue-pongue; participara das eliminatórias por Esse e estava saindo com os melhores jogadores do mundo (*e tudo isso apenas por ter adotado Roy como modelo!*). Mas fui obrigado a sacrificar tudo isso, e enfrentei muitas dificuldades, vivendo na penúria. Mas eu estava me tornando alguma coisa. Então, percebi que a única maneira pela qual poderia ter alguma chance de me tornar um membro bem remunerado da indústria seria ingressando numa escola de arte dramática e, para tanto, teria que ganhar uma bolsa de estudos. E quando me confrontei com essa decisão, fui obrigado a me confrontar também com tudo o que eu odiava nas escolas. Eu precisava aprender os textos; eu tinha de estudar Shakespeare — todas as coisas que estavam muito além das minhas possibilidades na escola. Eu odiava aquilo, mas era o preço que teria de pagar.

Foi então que descobri um dos segredos do aprendizado: eu entendi que teria de ser subversivo na minha mente. Eu dizia para mim mesmo: "Hoje, vamos aprender apenas a primeira linha do texto e, se for necessário, aprenderemos apenas metade dessa primeira linha."

Eu escrevia a primeira linha do texto num pedaço de papel e o colocava no bolso; eu ficava andando de um lado para o outro com a primeira linha no bolso e a examinava de vez em quando; e depois, na manhã seguinte, eu dizia para mim: "Hoje não vamos aprender a segunda linha enquanto não soubermos direito a primeira e, se for necessário, aprenderemos apenas a metade da primeira linha." Depois, eu levantava e dizia a primeira linha e, se tivesse algum tipo de dúvida, eu não passava para a segunda. Obviamente, não demorou muito para que eu estivesse conseguindo decorar todas as linhas em cinco minutos.

Atualmente, o aprendizado é um processo interior, mas o processo interior do aprendizado passa conscientemente pelo medo. Para mim, é resolvendo os problemas interiores que o sucesso se reflete exteriormente. Quando escrevo, a sensação é diferente — é aquilo que eu acho que seja a metade direita do cérebro em atividade. Eu acredito que o grande problema da educação está no fato de ela ser orientada apenas pelo hemisfério esquerdo do cérebro.

Onde e quando ele aprende

Isso tem que ver com não ser ameaçado. Todas as minhas autobiografias foram escritas durante filmagens. O raciocínio lógico era o seguinte: estão me pagando por esse tempo, de modo que posso ficar fazendo meus rabiscos e, se eles resultarem em alguma coisa, isso é uma vantagem a mais — estou apenas aproveitando o tempo de espera. Eu escrevo no verso dos roteiros, o que elimina a ameaça da página em branco. Uso um lápis bom, com o qual se pode escrever com facilidade. Eu também uso borrachas do tipo mais mole que existe.

Onde e quando ele não aprende

Existe um espaço no qual realmente é impossível aprender. Eu me recuso a escrever artigos e coisas encomendadas porque há prazos a serem cumpridos — não é o meu gênero, eu não me sentiria livre. Eu tenho consciência de que durante uma boa parte do tempo o carro está descendo por uma estrada e o motorista está adormecido: esses centros do meu corpo estão funcionando sem harmonia e uns estão fazendo o trabalho dos outros, coisas para as quais eles não foram devidamente equipados. Eles ficam em ordem quando tenho a luz da minha consciência concentrada sobre eles (demonstrando que isso é algo que vem da frente, do lado esquerdo da sua cabeça). Por vezes, sou obrigado a dizer: "Espere um instante! Eu vou pensar o que quero pensar: querem que você sinta coisas, você não vai usar esse pensamento. Isso serve para chegar no horário para pegar um trem, não para imaginar todo tipo de tragédias e de bobagem." Estamos sempre à mercê de nós mesmos, e quase ninguém aceita isso.

Como ele aprende

Quando tenho consciência de que estou presente no momento, esse momento muitas vezes é acompanhado por uma sensação de expansão espacial na minha cabeça. É como aquele espaço existente no centro de uma maçã: a maçã fica hermeticamente fechada, mas quando você a corta, vê que existe aquele espaço em volta das sementes. E quando você corta as sementes ao meio, você vê que existe um espaço no meio delas. Trata-se de um tipo de não-sensação: sinto tudo o que é empurrado para fora, pelo espaço. Quando estou nesse ponto, aprendo de forma automática: é uma não-ação, tudo cai nesse vazio, tudo cai nesse imenso silêncio — nessa mente perfeitamente equilibrada.

Quando relembramos nossa vida, podemos passar por momentos de lucidez extraordinária, quando realmente lembramos de coisas; nós estávamos presentes — mas, de alguma forma, era acidental. O que estamos falando agora é sobre a tentativa de tornar conscientes essas coisas que antes eram apenas acidentais. Se eu puder me modificar, o mundo será diferente.

O que ele está fazendo neste planeta

Lembrando-me de estar aqui; porque o aqui só é real quando eu estou. Tudo está sujeito a mudanças, a não ser a sensação de que estou. Eu sei disso, porque me lembro de quando era muito pequeno; a primeira neve; ou saindo para uma rua calma e ensolarada — quando eu estava lá e sabia que estava lá. Trata-se de um estado natural. Nascemos nesse estado e acredito que uma das finalidades da vida consiste em voltar conscientemente a esse estado.

Quem ele é com relação aos outros

Quando você está presente e sabe que está presente, não há nenhuma separação. O outro não existe. Para que exista o outro, o pensamento precisa ser expresso em palavras: "Ela está aqui; ela é diferente; ela é Diana..." Tudo se resume em palavras, mas assim que você percebe que o pensamento está em atividade, a própria percepção coloca um ponto final em tudo.

A maioria das pessoas acha que no instante em que elas não apresen-

tam nenhum tipo de diálogo interior, ele recomeça. Terence acredita no contrário — o que é muito perspicaz.

Eu procuro não mexer muito com minha mente, porque isso são apenas pensamentos lidando com outros pensamentos. Eu simplesmente concentro minha atenção, perguntando: "O que é que o corpo está sentindo no momento?"

A respeito de causarmos momentos ruins para nós mesmos

Nós estamos dispostos a abrir mão de tudo, mas não abrimos mão das coisas que nos magoam. Nós as conservamos; deixamos que elas nos torturem. Abrimos mão de todas as coisas boas; fazemos jejum e nos privamos de coisas, mas nunca abandonamos as coisas que nos machucam. Tudo é tão óbvio, mas é extremamente difícil de admitir.

Judith DeLozier

Judy começou a se envolver com a Programação Neurolingüística (PNL) no início dos anos 70, trazendo consigo seus próprios trabalhos sobre diferentes religiões, de antropologia e de dança para esse campo. Ela faz cursos de treinamento no mundo inteiro, bem como em casa com Robert Dilts e Todd Epstein na Universidade de PNL. A influência da dança pode ser notada em tudo o que ela diz e faz.

Onde e quando ela aprende

Eu acredito que haja quantidades enormes de coisas a serem aprendidas, coisas que nos aguardam por todos os lugares. A questão é apenas a seguinte: "Será que estou percebendo todas essas coisas?" Ou "Será que me encontro num estado ou num lugar onde possa perceber essas coisas?" Eu acho que estou sempre aprendendo, apesar de poder não saber o que estou aprendendo. Há alguns lugares onde talvez exista certa tendência para se admitir que se sabe alguma coisa e, com o decorrer do tempo, compreendi que esse sempre é o desafio maior.

Onde e quando ela não aprende

Há algo acerca de determinados tipos de conflito que faz com que se torne mais difícil aprender, pelo menos para mim — é o que percebi no passado. Eu estava concentrando meus esforços na tensão e no conflito e isso atrapalhava minha lucidez. Era algo que desgastava muito meu corpo; por isso, fui obrigada a encontrar um meio-termo entre assimilar as informações internamente, ou ver tudo do lado de fora; o que fosse mais apropriado. Isso tem que ver com minhas crenças quanto ao equilíbrio e a ecologia para mim mesma, e com tudo o que ocorre à minha volta.

Quando penetro numa outra cultura e quando estou copiando o modelo de, digamos, padrões de relacionamento, eles são caracterizados em grande parte do sistema cinestésico (indicando o coração), mas isso nem sempre acontece. Ou então, eles são inicialmente demarcados na forma de "Atenção! Atenção! Há algo acontecendo aqui e é algo importante: existe um padrão aqui"; e existe um ponto no qual as palavras ficam mais sonoras e, depois, mais suaves, ou uma imagem se torna mais brilhante e depois se aproxima, ao passo que outras coisas se afastam; tudo isso fica caracterizado apenas como "Existe algo aqui" e posso nem saber ainda o que é.

Às vezes, as coisas são marcadas no coração, outras vezes acabam sendo marcadas em todos os sistemas. Eu não sei dizer se tudo isso é apenas uma questão de ajustamento, talvez tudo seja marcado lá primeiro. É possível que eu perceba isso tudo, mas também é possível que eu não perceba. É possível que isso aconteça muitas vezes, mas, quando acontece, é assim: "Woom! Woom!" (fazendo com as mãos gestos que procuram mostrar as informações vindo e voltando) e depois eu sei que existe algo no que posso concentrar minha atenção.

Eu não consigo aprender pelo telefone; sei disso porque tenho a sensação de que as informações me estão sendo roubadas.

Pergunta: *Que outras coisas impedem você de aprender?*
Pode ser o tempo; também pode ser o meu interesse pelo conteúdo.

Pergunta: *Como você sabe quando algo é interessante?*
É uma sensação aqui; é algo cálido e que consegue tocar meu coração.

O que ela aprende e o que não aprende

As coisas que irão me atrair por serem interessantes e importantes para mim sempre me tocam o coração. E também existe um conjunto de realidades que funcionam de forma diferente: "Essas coisas não tocam seu coração, mas são coisas importantes para serem aprendidas; elas poderão tornar sua vida mais fácil." Essas coisas acabam sendo associadas com aquele conjunto superior de critérios que estão associados com o equilíbrio generalizado. Trata-se de conhecimentos que vão sendo acumulados com o passar do tempo; e eu também posso ver imagens estressantes, comigo correndo em Santa Cruz, tentando resolver o problema dos impostos e coisas do tipo, porque não tenho muita certeza; geralmente são coisas muito simples. E se eu as tivesse aprendido, isso modificaria em muito a maneira como me sinto atualmente. Novamente, trata-se de uma questão de conservar certo equilíbrio; e de fazer com que ela seja fácil. Gosto de coisas que são fáceis; basicamente, sou uma pessoa preguiçosa.

Como ela aprende

Eu me coloco em situações nas quais preciso apelar aos meus sentidos; em que não consigo dormir; em que preciso ficar à disposição. Imagino experiências passadas, coisas que penso serem situações semelhantes e a maneira como reagia no passado. Estou presente nessas imagens, voltando a vivê-las — pelo menos em parte; depois, determino as diferenças. Em seguida, começo a examinar atentamente essas diferenças. Apago o contexto e procuro eliminar todos os pressupostos, como rótulos e outras coisas do gênero. Tento não deixar que essas coisas interfiram de algum modo. Esse problema dos rótulos é, provavelmente, o maior de todos os problemas dos quais tenho consciência, e como me relaciono com outras situações.

Quanto mais fixo minha atenção e a filtro de certa forma, tanto mais sistemática vou me tornando no meu jeito de raciocinar. Quando se começa a pensar de um modo sistemático, o restante é fácil e você começa a ter um senso quanto aos lugares nos quais fixa sua atenção; quando existe uma regra também existe sempre uma forma.

Como ela não aprende

O processo pelo qual eu não aprendo é exatamente o oposto do jeito sistemático. Eu começo a pensar: "Não sei como essas coisas estão ligadas umas às outras" e, quando não consigo encontrar uma maneira de ligá-las e de ter uma perspectiva mais ampla, sabendo como elas irão se relacionar com outros fatores relevantes em minha vida, tenho a impressão de que simplesmente entro em transe. É apenas uma questão simples de prioridade das coisas que julgo serem valiosas. Talvez isso se explique como certa falta de curiosidade de minha parte. Estou aprendendo a ser curiosa em questões de dinheiro; estou aprendendo a pensar nisso como um jogo — como algo que pode representar uma diferença.

Eu lhe disse que ela realmente deveria aprender a fazer suas contas. O corpo dela ficou tenso, e sua cabeça se voltou bruscamente para o lado direito.

Continuo: "Isso não faz parte da minha identidade. Não é quem eu sou. Desperdiçar meu tempo com dinheiro? E com todos esses números pequenos? Onde está o valor disso tudo?" Agora estou aprendendo que a qualidade existe a longo prazo. É uma coisa de paciência; a curto prazo, eu não vou saber como isso irá fazer uma diferença qualitativa na minha vida. Estou absorvendo as palavras, porque tenho essa coisa reflexiva dentro de mim, essa coisa que consegue separar o comportamento das intenções. A intenção fundamental é a de que a vida se torne mais fácil para mim. Não tenho consciência de quaisquer imagens — há sobretudo uma sensação de passar todo esse tempo sentada, brincando com os números pequenos. Não que seja ruim, mas é como se existisse um oceano lá fora! E as árvores! As pessoas! Por que eu haveria de querer focalizar minha atenção nisso?

Por que ela aprende

Ora, porque é maravilhoso! E também porque o meu mapa se torna cada vez maior e uma parte cada vez maior do mundo se abre para mim. É como se eu recriasse o mundo todos os dias. A sensação é maravilhosa! E o aspecto é muito bonito. Todos os dias, sua aparência e seus sons são diferentes. Acredito que fomos construídos para continuar a aprender e que não aprender de certa forma é algo muito triste. Se estamos dispostos a continuar aprendendo, se estamos dispostos a realmente observar as diferenças e a apreciá-las devidamente, ao contrário de achar que isso representa algum tipo de ameaça, acabaremos transmitindo certa esperança para o mundo. E, evidentemente, é muito divertido — e esse é um dos meus principais critérios para tomar a decisão de fazer alguma coisa.

Pergunta: "Por que você acredita nisso tudo?"

Acho que essa seja uma forma útil de se estar no mundo. Se eu fico com a alternativa, ou seja, a de que não é útil aprender, e começo a impor filtros para impedir a entrada das informações — esse tipo de vida seria terrível para mim. Aprender é uma coisa excitante e divertida e estamos aprendendo o tempo todo; é muito mais difícil não fazer isso.

Quem?

Para mim, isso é sempre o mais difícil. Quando uso a metáfora da dançarina, acho que eu já era uma dançarina antes de aprender a dançar — mesmo quando eu estava começando a aprender a fazer um *plié* e um *tendu* e um *dégagé* —, a qualidade com a qual eu fazia cada uma dessas pequenas posições já existia bem no fundo do espírito da dançarina, se bem que eu ainda não fosse capaz de expressar essas coisas. E assim, tudo isso acabou servindo para mim como indicação de uma identidade mais profunda e de a dança ser uma forma de comunicação com um tipo de metáfora mais profunda no meu interior.

Quem mais?

Com relação aos que lhe são mais próximos e queridos?

A palavra que me vem à mente é "presentes". Eu existo para essas pessoas e elas existem para mim, numa espécie de presente que se abre constantemente — um presente dentro de um presente, e outro presente dentro desse presente. Às vezes, sem dúvida é mais difícil desfazer o embrulho, mas em outras ocasiões, isso pode ser feito com facilidade.

Com relação aos colegas e amigos?

Bem, muitas dessas pessoas também são verdadeiros presentes. Existe um desabrochar contínuo de algo que tem que ver com a mente grupal, a sensação de que nenhum de nós poderia fazer sozinho as coisas que faz: isso exige que os relacionamentos se desenvolvam. É possível que isso também faça parte dos presentes num sentido mais amplo.

E com relação ao planeta?

Uma pessoa pequena, minúscula mesmo, que tenha uma pequena, minúscula mas muito importante missão que apenas eu possa desempenhar. Parte disso consiste em levar a Programação Neurolingüística (PNL) para as partes do mundo onde ela ainda não é conhecida, mas a missão não está personificada na PNL, ela está personificada em mim. Portanto, trata-se de como a PNL está personificada na forma de um modelo em mim — não se trata da tecnologia da PNL. Eu tenho uma crença profunda de que não existe coisa nenhuma que eu possa ensinar a uma pessoa e que ela já não saiba em algum lugar profundo dentro de si mesma; e trata-se do problema de criar um contexto no qual as pessoas começam a perceber quando nós nos esquecemos e o que nós esquecemos, como perdemos a ligação e a importância de nos ligarmos de novo. Se é que tenho uma missão, ela é a de poder servir como modelo de alguma forma e mostrar: "Esse é um conjunto de tecnologias, processos, procedimentos e conceitos, capaz de satisfazer essa mente chamada de consciência, porque ela gosta de ver as coisas numa determinada ordem e numa determinada seqüência de etapas." É tudo muito simples, mas é isso aí. Eu acho que as pessoas merecem respeito pelo simples fato de estarem vivas — e se for possível dizer isso, eu acho que esta seria a minha missão.

Com relação ao universo?

A metáfora que me vem à mente — acho que ela se origina da tradição dos judeus hassídicos — afirma que sempre que alguém morre, todo um universo é destruído. Existe esse senso de universos dentro de universos, relacionando-se com universos e universos, que continuam criando outros universos cada vez maiores.

Pós-escrito

Como você deve ter descoberto, todos os meus modelos aprendem com facilidade se os temas lhes interessam, se podem ver e estabelecer conexões com algo que já conheçam ou quando se trata de alguma coisa que possa lhes ser útil no futuro. Nenhum deles consegue aprender em situação estressante e alguns harmonizam sua mente consciente e inconsciente, usando o pronome "nós" quando se referem a si mesmos em situações mais difíceis.

Todos criam imagens para dar forma a suas sensações, o que é impressionante, quando o raciocínio "adquirido" supõe que as palavras são de importância máxima, que ver coisas que não existem não é um bom método e que as sensações de nada servem no que diz respeito ao intelecto. De algum modo, essas pessoas conseguiram escapar do que "deveriam" fazer e continuaram usando suas próprias estratégias maravilhosamente eficazes.

Eles se movimentam livremente entre as três posições de percepção, absorvendo informações de todas elas em diferentes níveis lógicos, ligando o passado e o futuro. Eles aprendem prestando atenção ao que surge quando suas mentes conscientes estão distraídas.

Eles se sentem confiantes quanto à consciência de que não sabem tudo, e esta confiança permite que eles se harmonizem com as crenças que têm de acordo com as informações das quais dispõem — sabendo que podem mudar de opinião caso cometam um erro, porque os erros representam apenas uma maneira diferente de aprender.

Quando existe algum assunto particularmente desagradável, no qual você realmente precise mergulhar, e se você continua reagindo como Colin diante do formulário de devolução do imposto de renda, ou como Judy e todos esses "pequenos números", o máximo em termos de estratégia de aprendizado natural consiste em simplesmente transferir o assunto para o arquivo no qual você guarda as coisas que adora fazer, criando imagens do mesmo tamanho, formato, qualidade e distância como no caso das imagens do que você gosta. Ou então você pode fazer de conta que gosta dessas coisas: assuma esse papel e veja o que acontece.

Alternativamente, você também pode acrescentar um detalhe ritual à sua mudança. Nós nos referimos a esse detalhe como sendo um "Círculo de Excelência".

> Crie um círculo no chão, onde você possa imaginar que está se divertindo muito, fazendo suas coisas prediletas e que as informações estejam surgindo através de todos os sentidos e em todos os níveis. Entre nesse círculo, respire profundamente (inspiração) e conscientize-se de tudo o que está vendo, ouvindo, sentindo, saboreando e cheirando, e também qual a sua experiência ante o que esses cinco sentidos demonstram. Quando estiver completamente consciente de tudo o que está acontecendo, você pode sair do círculo e criar outro, num lugar diferente, onde você possa imaginar aquela outra coisa da qual não gosta, e se conscientizar do que está acontecendo com você nesse outro círculo.
>
> Depois, deixando suas crenças a respeito do assunto e suas experiências de "não aprender" no segundo círculo, você pode passar para um terceiro círculo, que deverá ser neutro.
>
> O passo final consiste em levar o assunto para o primeiro círculo, onde você vê, ouve, sente, saboreia e cheira as coisas da maneira como faz quando está se divertindo; inspire profundamente — a partir do topo da cabeça, passando pela ponta do nariz, e chegando às pontas dos dedos e dos pés — e curta profundamente todas as mudanças que sentir.

Você pode usar essas técnicas em qualquer situação. Por exemplo, se você odeia fazer discursos, se você precisa ter uma discussão difícil com alguém, se você está adiando colocar ordem nas suas contas, nos seus documentos, arrumar a cozinha, fazer aquele telefonema...

Agora, você dispõe dos padrões dos quais necessita. Você tem o conhecimento de como funciona quando está aprendendo e do que faz para impedir a si mesmo de aprender. Você dispõe de opções quanto à maneira de reagir numa situação de aprendizado. Você aprendeu que a vida é muito mais simples do que você pensava, agora que resolveu assumir o comando do seu cérebro. Cabe apenas a você decidir o que irá fazer com todas essas informações. Divirta-se!

Mensagem do Dr. Richard Bandler

Apenas depois de este livro ter sido escrito foi que tive a grande sorte de me apaixonar pelo gênio que criou a *Programação Neurolingüística* (PNL), e achei que ele poderia representar um valioso acréscimo para nosso grupo de mentores.

Palavras e expressões do tipo "você não pode" e "é impossível", não têm um efeito tranqüilizador em Richard, principalmente quando são pronunciadas por burocratas ou por pessoas que supostamente detêm a autoridade em suas mãos. Quando ele ouve relatos a respeito de tais conversas, ele sempre se sente inclinado a vestir sua roupa de couro, a colocar o capacete na cabeça e a chegar montado em sua Harley Davidson no escritório da pessoa responsável.

Burocrata: Você não pode estacionar aqui!
Richard: Foi o que acabei de fazer.

Portanto, sempre que você se sentir frustrado, paralisado ou irritado com as imposições idiotas que outros lhe fazem, simplesmente entre em contato mental com o quartel-general de Sir Richard (Controle de Coincidência Terrestre) e ele, com seu capacete brilhante, montado em sua moto de combate, penetrará no santuário de quem quer que esteja tentando impor limites à sua criatividade; e assim que ele tiver terminado com essas pessoas, elas ficarão mais do que aliviadas diante da possibilidade de concordarem com qualquer sugestão sensata.

Richard escreveu um pós-escrito especialmente para você:

O Tempo é tão generoso
e tão amplo
quanto o seu inconsciente
é antigo; portanto,
viva e
aprenda
inconscientemente
Agora.

Bibliografia

Os livros indicados por um asterisco (*) são obras de ficção e servem para ampliar seu raciocínio.

Adams, James L: *The Care and Feeding of Ideas*, Penguin Books, Inglaterra, 1986.

Andreas, Steve e Connirae: *Change Your Mind — and Keep the Change*, Real People Press, Estados Unidos, 1987.

Andreas, Steve e Connirae: *The Heart of the Mind*, Real People Press, Estados Unidos, 1989.

Agostini, Franco: *Visual Games*, Guild Publishing, Inglaterra, 1986.

Bandler, Richard e Grinder, John: *The Structure of Magic I*, Science and Behaviour Books, Estados Unidos, 1975.

Bandler, Richard e Grinder, John: *Frogs into Princes*, Real People Press, Estados Unidos, 1979; Eden Grove Editions, Inglaterra, 1990.

Bandler, Richard; Grinder, John e Satir, Virgínia: *Changing with Families*, Science and Behaviour Books, Estados Unidos, 1976.

Bandler, Richard: *Using your Brain — for a Change*, Real People Press, Estados Unidos, 1985.

Bandler, Richard: *Time for a Change*, Meta Publications, Estados Unidos, 1993.

(*) Bandler, Richard: *The Adventures of Anybody*, Meta Publications, Estados Unidos, 1993.

(*) Bach, Richard: *A Gift of Wings*, Pan Books, Inglaterra, 1976.

(*) Bach, Richard: *Illusions*, Pan Books, Inglaterra, 1977.

(*) Bach, Richard: *Jonathan Livingston Seagull*, Pan Books.

(*) Bach, Richard: *A Bridge Across Forever*, Pan Books, Inglaterra, 1985.

(*) Bach, Richard: *One*, Pan Books, Inglaterra, 1988.

Barlow, Wilfred: *The Alexander Principle*, Arrow Books, Inglaterra, 1973.

Bateson, Gregory: *Steps to an Ecology of Mind*, Jason Aronson Inc., Estados Unidos, 1972.

Bateson, Gregory: *Mind and Nature*, Bantam Books, Estados Unidos, 1988.

Benjamin, Harry: *Better Sight without Glasses*, Thorsons, Inglaterra, 1929.

Berne, Eric: *Games People Play*, Penguin Books, Inglaterra, 1964.

Berthérat, Thérèse: *The Body Has its Reasons*, Cedar Books, Estados Unidos, 1977.

Bly, Robert: *Iron John: A Book About Men*, Vintage Books, Estados Unidos, 1992; Element Books, Inglaterra, 1993.

Burley-Allen, Madelyn: *Listening — the Forgotten Skill*, John Wiley, Estados Unidos, 1982.

Buzan, Tony: *Use Your Memory*, BBC Publications, Inglaterra, 1986.

Buzan, Tony: *Make the Most of Your Mind*, Pan Books, Inglaterra, 1977.

Campbell, Don: *Introduction to the Musical Brain*, MMB, Estados Unidos, 1984.

Campbell, Don: *The Roar of Silence*, Quest, Estados Unidos, 1989.

Capra, Fritjof: *The Tao of Physics*, Flamingo, 1976. [*O Tao da Física*, publicado pela Editora Cultrix, São Paulo, 1980.]

Cameron-Bandler, Leslie e Lebeau, Michael: *The Emotional Hostage*, Real People Press, Estados Unidos, 1986.

Carlzon, Jan: *Moments of Truth: New Strategies for Today's Customer-Driven Economy*, Harper & Row, 1989.

Cassidy, John e Rimbeaux, B.C.: *Juggling for the Complete Klutz*, Klutz Press, Estados Unidos, 1988.

Castaneda, Carlos: *The Teachings of Don Juan*, Penguin Books, Inglaterra, 1970.

Castaneda, Carlos: *Tales of Power*, Penguin Books, Inglaterra, 1976.

Castaneda, Carlos: *The Eagle's Gift*, Penguin Books, Inglaterra, 1982.

Castaneda, Carlos: *The Second Ring of Power*, Penguin Books, Inglaterra, 1979.

Crowley, Richard e Mills, Joyce: *Cartoon Magic*, Magination, Estados Unidos, 1989.

Crum, Thomas: *The Magic of Conflict*, Touchstone, Inglaterra, 1988.

DeLozier, Judith e Grinder, John: *Turtles All the Way Down*, Grinder DeLozier Associates, Estados Unidos, 1987.

Dhority, Lynn: *Acquisition through Creative Teaching*, Centre for Continuing Development, Estados Unidos, 1984.

Dilts, Robert B.: *Albert Einstein: Neuro-Linguistic Analysis of a Genius*, Dynamic Learning Center, Estados Unidos, 1990.

Dilts, Robert B.: *Wolfgang Amadeus Mozart: Songs from the Spirit*, Dynamic Learning Center, Estados Unidos, 1992.

Dilts, Robert B., Epstein, Todd e Dilts, Robert W.: *Tools for Dreamers*, Meta Publications, Estados Unidos, 1991.

Edwards, Betty: *Drawing on the Right Side of the Brain*, Fontana Books, Inglaterra, 1979.

Edwards, Betty: *Drawing on the Artist Within*, Fontana Books, Inglaterra, 1986.

Eicher, James: *Making the Message Clear: Communicating for Business*, Grinder DeLozier Associates, Estados Unidos, 1987.

Feldenkrais, Moshe: *Awareness through Movement*, Penguin Books, Inglaterra, 1980.

Fisher, Roger e Ury, William: *Getting to Yes*, Hutchinson Business, Inglaterra, 1981.

Fordham, Frieda: *An Introduction to Jung's Psychology*, Penguin Books, Inglaterra, 1953.

Fritz, Robert; *The Path of Least Resistance*, Stillpoint, Estados Unidos, 1984.

Gallwey, Timothy W.: *The Inner Game of Tennis*, Pan Books, Inglaterra, 1975.

Gallwey, Timothy W.: *The Inner Game of Golf*, Pan Books, Inglaterra, 1981.

Gallwey, Timothy W. e Kriegel, Robert: *The Inner Game of Skiing*, Pan Books, Inglaterra, 1977.

Gardner, Martin: *The Mathematical Magic Show*, Penguin Books, Inglaterra, 1985.

Gattegno, Caleb: *The Common Sense of Teaching Mathematics*, Educational Solutions, Inglaterra, 1974.

Gilligan, Stephen G.: *Therapeutic Trances*, Brunner/Mazel, Estados Unidos, 1987.

Gonzalez, Luis Jorge: *Excelencia Personal: Valores*, Editorial Font, México, 1991.

Green, Barry e Gallwey, Timothy W.: *The Inner Game of Music*, Pan Books, Inglaterra, 1986.

Grinder, John e Bandler, Richard: *Trance-formations*, Real People Press, Estados Unidos, 1981.

Grinder, Michael: *The Educational Conveyor Belt*, Metamorphous Press, Estados Unidos, 1989.

Hart Mickey: *Drumming at the Edge of Magic*, Harper, Estados Unidos, 1990.

Harvey-Jones, John: *Making It Happen*, Collins, Inglaterra, 1988.

Harvey-Jones, John: *Managing to Survive*, Heinemann, Inglaterra, 1993.

Harvey-Jones, John: *Getting It Together*, Heinemann, Inglaterra, 1991.

Harvey-Jones, John: *Troubleshooter I*, BBC, 1990.

Harvey-Jones, John: *Troubleshooter II*, BBC, 1992.
Holt, John: *How Children Learn*, Pelican Books, Inglaterra, 1967.
Holt, John: *How Children Fail*, Penguin Books, Inglaterra, 1990.
Hudson, Liam: *Contrary Imaginations*, Pelican Books, Inglaterra, 1966.
Karbo, Joe: *The Lazy Man's Way to Riches*, Success Classics, Estados Unidos, 1986.
Kline, Peter: *The Everyday Genius*, Great Ocean, Estados Unidos, 1988.
Laborde, Genie: *Fine Tune Your Brain*, Sintony, Estados Unidos, 1988.
la Garanderie, Antoine de: *Tous les Enfants Peuvent Reussir*, Editions du Centurion, França, 1988.
Lakoff, Georg e Johnson, Mark: *Metaphors We Live By*, University of Chicago Press, Estados Unidos, 1980.
Leonard, George: *The Silent Pulse*, Dutton, Estados Unidos, 1978.
Lewis, David; *The Alpha Plan*, Methuen, Inglaterra, 1986.
Lewis, David: *Mind Skills*, Souvenir Press, Inglaterra, 1987.
Lovelock, J.E.: *Gaia — A New Look at Life on Earth*, OUP, Inglaterra, 1979.
(*) Lynn, Jonathan e Jay, Anthony: *Yes, Prime Minister*, BBC Publications, Inglaterra, 1986.
McMaster, Michael e Grinder, John: *Precision: A New Approach to Communication*, Precision Models, Estados Unidos, 1980.
Meister Vitale, Barbara; *Unicorns are Real*, Warner, Estados Unidos, 1982.
Meister Vitale, Barbara: *Free Flight*, Valmar, Estados Unidos, 1986.
Moore, Robert e Gilette, Douglas: *King, Warrior, Magician, Lover*, Harper, Estados Unidos, 1990.
Morris, Desmond: *Manwatching*, Triad Panther, Inglaterra, 1978.
O'Connor, Joseph: *Not Pulling Strings*, Lambent Books, 1987.
O'Connor, Joseph e Seymour, John: *An Introduction to Neuro-Linguistic Programming*, edição revista, Aquarian Press, 1993.
Palmer, Adam: *Champneys Cookbook*, Boxtree, Inglaterra, 1993.
(*) Paulus, Trina: *Hope for the Flowers*, Paulist Press, Estados Unidos, 1972.
Rhodes, Jerry e Thame, Sue; *The Colours of Your Mind*, Fontana Books, Inglaterra, 1988.
Rogers, Carl: *A Way of Being*, Houghton Mifflin Company, Estados Unidos, 1980.
Rogers, Carl: *Dialogues*, Constable, Inglaterra, 1990.
Russell, Peter: *The Brain Book*, Routledge, Inglaterra, 1979.
Russell, Peter: *The Awakening Earth*, Fontana Books, Inglaterra, 1982. [*O Despertar da Terra*, publicado pela Editora Cultrix, São Paulo, 1991.]
(*) Saint-Exupéry, Antoine de: *Le Petit Prince*, Gallimard, França, 1946.

Sams, Jamie e Carson, David: *Medicine Cards*, Bear & Co., Estados Unidos, 1988.

(*) Satir, Virginia: *Self Esteem*, Celestial Arts, Estados Unidos, 1975.

(*) Satir, Virginia: *Meditations and Inspirations*, Celestial Arts, 1985.

Senge, Peter: *The Fifth Discipline: The Art and Practice of the Learning Organization*, Doubleday, Inglaterra, 1990.

Shone, Ronald: *Creative Visualisation*, Thorsons, Inglaterra, 1984.

(*) Stamp, Terence: *The Night*, Phoenix House, Inglaterra, 1993.

(*) Süskind, Patrick: *Perfume*, Penguin Books, Inglaterra, 1987.

Suzuki, Shinichi: *Nurtured by Love*, Ability Development, Estados Unidos, 1983.

Valentine, Tom e Carole; *Applied Kinesiology*, Thorsons, Inglaterra, 1985.

van Nagel, et alli: *Megateaching and Learning*, Southern Institute Press, Estados Unidos, 1985.

Wanless, Mary: *Ride with Your Mind*, Methuen, Inglaterra, 1987.

Whitmore, John: *Superdriver*, RAC, Inglaterra, 1988.

Zukov, Gary: *The Dancing Wu Li Masters*, Flamingo, Inglaterra, 1982.

Alguns Endereços Úteis

Anglo-American Book Company Ltd (reembolso postal, com um grande catálogo de livros sobre a *Programação Neurolingüística* — PNL)
Underwood
St. Clears
Carmarthen
Dyfed
SA33 4NE
Telefone: 0994 230400

The Association for Neuro-Linguistic Programming
47 Maury Road
London
N16 7BP
Telefone: 0384 443935
Secretária: Jo Hogg

Diana Beaver
P.O. Box 48
Cirencester,
Gloucestershire
GL7 5YE
Telefone/Fax: 0285 850155

Cuisenaire Rods podem ser obtidos em:
E.V. Arnold Ltd
Parkside Lane
Dewsbury Road
Leeds 11 5TD
Telefone: 0532 240844

The Driving Business
3 Boults Close
Old Marston
Oxford
OX3 OPP
Telefone: 0865 241854
Fax: 0865 240844
Contato: James Pritchard

The International Association of Master Trainers
The Brackens
London Road
Ascot
Berkshire
SL5 8BG
Telefone: 0344 890445
Fax: 0344 890263
Contato: Colin Reeve

The NLP University
The Dynamic Learning Center
P.O. Box 1112
Ben Lomond, California 95005
Telefone: (408) 336 3457
Fax: (408) 336 5854
Contato: Teresa Epstein

The Society of Neuro-Linguistic Programming™
Neurosonics Inc.
Suite 242
450 Taraval Street
San Francisco, California 94116
Telefone; (415) 626 1333
Fax: (415) 664 8044

Como Aprender Mais

Aumente sua capacidade de aprender

Geoffrey A. Dudley

Você costuma se esquecer com freqüência das coisas de que mais quer se lembrar, como o nome de pessoas que acabou de encontrar, endereços importantes, contatos úteis, números de telefone? Você tem problemas nos negócios e na vida social devido à sua incapacidade para se lembrar de fatos que deveriam estar na ponta da sua língua? Se é assim, então você compreende como o esquecimento é exasperante.

No entanto, dentro da sua cabeça, você está equipado com um instrumento que tem um potencial de memória muito mais extraordinário do que o do mais moderno computador. Basta que você aprenda como fazer uso de seus recursos.

Aumente sua capacidade de aprender é o livro que pode ajudá-lo nesse sentido. Depois de uma pesquisa detalhada sobre experiências científicas modernas, Geoffrey Dudley revela o que os psicólogos descobriram no campo do aprendizado e sugere métodos práticos de usar esse conhecimento de forma vantajosa.

EDITORA CULTRIX

COMO DESENVOLVER O PODER DA MENTE

Arthur Winter & Ruth Winter

"Você é tão inteligente quanto já foi?
Você gostaria de ser mais inteligente do que jamais foi?"

Uma tremenda revolução ocorreu na maneira como a ciência interpreta o cérebro e a cognição. Até recentemente, acreditava-se que, com o passar dos anos, a atividade cerebral humana normal decrescia e que não havia nenhum meio para se interromper esse processo. Hoje, novas informações foram coletadas por diversos especialistas, inclusive por neurocientistas e gerontologistas capazes de ouvir uma célula cerebral "falar". Estudos feitos em milhares de pessoas e amostras anatômicas coletadas durante um longo período comprovam que a decadência não é de forma alguma inevitável e que há pouquíssima diferença entre os cérebros de jovens e os de idosos saudáveis.

O segredo está em não deixar que o cérebro se torne vítima de uma certa flacidez e em desafiá-lo para mantê-lo em condições ótimas, o que é vital não só para o sistema nervoso central mas também para todo o organismo.

Neste livro, você lerá descrições de exercícios para várias funções cognitivas e sobre as teorias em que se baseiam. Com eles, você aprenderá a habituar o seu cérebro a se exercitar e a aumentar seu poder de concentração. Nele são descritas as mais recentes pesquisas e técnicas criadas para tirar o máximo proveito da sua inteligência, estimulando-o e ajudando-o a desenvolver e a manter o seu cérebro próximo da sua capacidade máxima.

EDITORA CULTRIX

ESTRATÉGIAS DO PENSAMENTO

Larry E. Wood

Eis um livro que ensina o que quase todos deixamos de aprender durante o período de educação formal: a arte de pensar. Trata-se, na verdade, de uma maneira divertida de aperfeiçoar nossa aptidão mental e de facilitar muitos aspectos da nossa atividade pensante.

Todo o "segredo" consiste em aprender a pensar da forma mais perspicaz e não do modo mais difícil. Esse conceito simples constitui o âmago de uma abordagem inovadora concebida por Larry E. Wood em *Estratégias do pensamento*. O autor demonstra que as soluções eficazes para a maioria dos problemas que exigem raciocínio estão à nossa volta, se soubermos encontrá-las.

Este livro estimula o pensamento e apresenta inúmeros problemas destinados a aguçar a sua mente e a aperfeiçoar sua capacidade de raciocínio. Entre as aptidões que você adquirirá através dos quebra-cabeças, dos jogos e das adivinhações, estão:

- A coordenação rápida dos pensamentos de forma clara e lógica
- O uso adequado do método de tentativas para solucionar, inclusive, os problemas mais complexos
- O domínio da contradição e da técnica de trabalho regressivo numa grande variedade de situações
- O uso de símbolos e de chaves para rememorar os fatos mais complexos

O autor ministra cursos sobre a resolução de problemas em geral na Brigham Young University de Provo, em Utah, U.S.A., e é autor de inúmeros trabalhos na área da resolução de problemas, da atenção e do aperfeiçoamento da memória.

EDITORA CULTRIX

SAIR-SE BEM, MESMO QUANDO TUDO VAI MAL

Programa de Neurolingüística

Barbara Schott

Quem já não teve a sensação de que nada está dando certo? Quem ainda não teve medo de fracassar, mesmo nas coisas mais simples? Muitos sofrem porque não conseguem realizar seus sonhos e outros porque imaginam que lhes falta algo que não sabem definir o que é. No entanto, nenhum fracasso se transforma numa catástrofe se formos capazes de deixar de pintar a situação com cores sombrias e se, além disso, formos capazes de ver o lado positivo da situação.

Este livro pretende ajudá-lo a mobilizar suas energias criativas em situações difíceis por meio de métodos surpreendentemente simples.

O Programa de Neurolingüística (PNL) baseia-se em técnicas e exercícios testados com sucesso no setor administrativo e nas áreas de gereciamento.

Os exercícios de PNL são apresentados de uma forma que você pode assimilar e repetir facilmente.

* * *

Barbara Schott, autora de *Mantenha a Calma* e de *A Decisão de Percorrer Novos Caminhos*, ambos publicados pela Editora Cultrix, é economista e administradora de empresas. Atualmente, trabalha como consultora administrativa no setor de serviços do seu próprio Instituto, sediado em Nürenberg.

EDITORA CULTRIX

Outras obras de interesse:

A VIDA COMO UM PROCESSO DE APRENDIZADO
Stephanie Merges

COMO LIDERAR COM SUCESSO
J. Donald Walters

AS SETE ETAPAS DE UMA TRANSFORMAÇÃO CONSCIENTE
Gloria D. Karpinski

INTUIÇÕES - Como Encontrar Respostas para os Problemas da Vida
Theresa Winter

DESPERTE E MUDE A SUA VIDA - Um guia para desenvolver suas próprias capacidades
Soozi Holbeche

MUDE A SUA MENTE E TRANSFORME A SUA VIDA
Dr. Gerald G. Jampolsky e *Diane V. Cirincione*

VOCÊ PODE, SE ACHA QUE PODE
Norman V. Peale

AJUDE-SE A SI MESMO
Jerry A. Schmidt

COMO DESENVOLVER A AUTO-ESTIMA - Um guia prático para reconhecer o seu valor pessoal
Lynda Field

COMO PASSAR SUA VIDA A LIMPO
Marisa Thame e *Kani Comstock*

MAESTRIA - As Chaves do Sucesso e da Realização Pessoal
George Leonard

SE VOCÊ QUER, VOCÊ PODE!
Eneida Lermen

A VIDA ATIVA - Nossa jornada num mundo de criatividade, espiritualidade e ação
Parker J. Palmer

BEARABLES - Lições de Amor e Tolerância
Jane e *Mimi Noland*

A DECISÃO DE PERCORRER NOVOS CAMINHOS
Barbara Schott

Peça catálogo gratuito à
EDITORA CULTRIX
Rua Dr. Mário Vicente, 374 - Fone: 272-1399
04270-000 - São Paulo, SP